『中学西传』在英国的回应

以16—18世纪『中国著述』为中心

徐亚娟○著

Chinese Culture in Britain:
In the Case of Printed Works on
China from 16th -18th Century

中国社会科学出版社

**图书在版编目（CIP）数据**

"中学西传"在英国的回应：以 16-18 世纪"中国著述"
为中心/徐亚娟著.—北京：中国社会科学出版社，2023.6
ISBN 978-7-5227-2199-6

Ⅰ.①中… Ⅱ.①徐… Ⅲ.①中华文化—文化传播—
研究—英国—近代 Ⅳ.①G125

中国国家版本馆 CIP 数据核字（2023）第 123069 号

---

出 版 人　赵剑英
选题策划　宋燕鹏
责任编辑　金　燕
责任校对　李　硕
责任印制　李寡寡

---

出　　版　中国社会科学出版社
社　　址　北京鼓楼西大街甲 158 号
邮　　编　100720
网　　址　http://www.csspw.cn
发 行 部　010-84083685
门 市 部　010-84029450
经　　销　新华书店及其他书店

---

印　　刷　北京明恒达印务有限公司
装　　订　廊坊市广阳区广增装订厂
版　　次　2023 年 6 月第 1 版
印　　次　2023 年 6 月第 1 次印刷

---

开　　本　710×1000　1/16
印　　张　12.25
字　　数　155 千字
定　　价　65.00 元

# 序

  我很高兴得知徐亚娟博士的《"中学西传"在英国的回应：以16—18世纪"中国著述"为中心》即将出版。这部著作主要考察16至18世纪从欧洲大陆译介到英国或英人自己撰写的关于中国的印本，并对主要著述的观点做了简述。这是一项很有意义的学术研究工作。亚娟博士在中国社会科学院世界历史研究所博士后工作站期间，就对这个主题非常感兴趣，并展开了相应的研究。之后，她又结合在国家图书馆工作的有利条件，做了进一步的考察。亚娟博士勤奋好学，对学术事业执着追求，有扎实的研究功底。这部著作是她多年辛勤探究的结晶。

  这部书稿写得很扎实，考察了不少学术界一般未知或不甚关注的历史活动和相关文献。读此书，我有一种感触，就是那个时代欧洲人对中国的观察和研究要比我们意识到的更早更多，也强化了我多年形成的一个认识：实际的历史要比我们想象得更加丰富。

  本书的一个重要意义是加强了对历史上英人乃至欧人对中国的研究。域外世界如何观察和评价中国，我国学术界过去做了一些考察，但还做得很不够。这是我们需要大力加强考究的一个重要领域。

  了解外部世界，从一定意义上讲，就是要做到"知彼"。"知彼"是一件很不容易的事。"知彼"之中还包含着一种特殊的"知己"，就是"彼方"对"己方"的观察和研究到了怎样的程度,"彼方"是如何认识"己方"的。这一点往往为时人所不察,后来的学者也重视和研究得不够。明清之际约三个世纪里,我国与欧洲相比,或者说与英国相比,在观察"彼方"上是落后得多了。这个时期,英国日益强大起来,18 世纪后期可以说已成欧洲最强国,而中国却对其不甚了了;在观察和研究外部世界的主动性上,中国与英国存在巨大的差距。正如亚娟博士在书稿中考察的,1749 年,英国著名文人约翰逊写了《人类的虚荣》一诗,开篇便是:"要用远大的眼光来瞻顾人类,从中国一直到秘鲁。"可见,当时英人眼界十分宽广,积极观察了解外部世界。而此时,中国文人学士们却还没有形成一个"睁眼看世界"的群体,昧于外部形势。鸦片战争之前的三个多世纪里,在观察研究外部世界这一点上,中国是远远落后于英国的。认识上落后于外部世界的客观实际,就会导致行动上的落后和被动。

为了打开中国市场,加强在东方的殖民扩张,英国政府于 1792 年向中国派遣了一个外交使团——马戛尔尼使团。使团于 1793 年到达中国,这是英国首次来到中国的使团。马戛尔尼来华之前,对欧中交往史做了一定考察,对中国国情也有所评判;相比之下,清廷对英国是很不知情的。1793 年 9 月 14 日(乾隆五十八年八月初十),英使马戛尔尼在承德避暑山庄觐见了乾隆皇帝。乾隆甚为惬意,并写下志事诗,开头两句为"博都雅昔修职贡,英吉利今效荩诚"。"博都雅"就是葡萄牙,"英吉利"就是英国。乾隆认为当年葡萄牙人来中国是朝贡的,如今英使也来"效荩诚"了。这是对域外形势的严重误判。天下大势已变,清廷认识依旧。欧洲列强在世界范围内进行殖民扩张约三个世纪,攻城掠地,建立起了起了庞大的殖民帝国。马戛尔尼来华时,清廷在处理中英关系上,完全没有做到"知彼",更不觉"彼"之如何知"己"。

我国学术界对中外关系史上"彼"如何知"己",研究得还是很不够的。这是一个需要加强深入研究的领域。亚娟博士这部书集中探讨中英关系乃至中欧关系史上,"彼"是如何知"己"的,对我国学术界相关研究工作具有推动作用。我相信这部书会受到读者的欢迎。

中国社会科学院历史理论研究所　张顺洪

2023 年 5 月于北京

# 目　　录

# 绪　　论

## 第一节　选题意义与研究方法

在"中学西传"这一研究领域中，传教士的著述和译作，外交官、商人的回忆录和游记，当时欧洲作家对中国的述评等，都是学界关注的原始资料。本书以欧洲近代早期16—18世纪为时间轴，从中遴选有代表性的印本书籍加以分析研究。本书提及的"中国著述"是指欧洲近代早期出版的以中国元素为题材以及内容涉及中国文化的印本书籍。

### 一　选题意义

中英两国关系在近代世界国际关系体系发展过程中发挥着重要作用，研究近代史上"中学西传"在英国本土的回应，不仅仅有益于我们了解两国关系的发展历程，把握历史发展的规律，还对我们当今处理两国关系的实践中具有借鉴作用。该选题的学术意义和现实意义主要如下。

1. 将欧洲近代早期"中国著述"出版情况进行整理，制定完整的书目数据，遴选出"西传"英国的文献著述，可以从书籍史、阅读史的视角复原中英文化交流的历史过程，探讨这些"中国著述"如何影响英人对华态度，为探索鸦片战争以来的中英关系提供可资参考的材料。

2. 剖析英国学人对中国文化的接受情况，分析"中国著述"对英国学人中国观的影响，从中可以理清历史上英国对中国文化的学习和借鉴程度，有助于我们更好地了解自身传统文化的精华与糟粕。

3. 可以探索不同文化之间相互交流、影响的规律。随着当代世界全球化进程的不断推进，不同民族、不同文化间相互交融的趋势日益明显，借鉴历史上的经验和教训，从中找出具有普遍性的规律，对今后中国与其他国家、特别是与英国的交往有着积极的借鉴意义。

## 二 主要研究方法

本书拟以辩证唯物主义和历史唯物主义为指导思想，从以往该领域研究的薄弱环节入手，将英国从"中学西传"与欧洲整体化的研究中划分出来，运用史料文献、实物资料，以版本目录学的知识，从书籍史、阅读史等角度对曾经在近代早期欧洲产生广泛影响的"中国著述"进行梳理和研究，归纳近代英国"中国热"的方方面面，分析中国文化在接受地英国引起的反响，考察特定的"中国著述"对英国学人产生的影响，进而探讨英国对中国文化的态度及利用方式，挖掘其中国观前后转变的社会原因。

1. 本书研究采用版本学、目录学的方法，将近代早期欧洲出版的"中国著述"进行整理，按照规范的图书分类法进行归类，形成完整的书籍书目，为今后的研究者相关书目检索提供便利条件。

2. 本书采用书籍史与实物目录学、版本学相结合的方法，将近代英国学人与中国文化相关的文献著述分门别类，通过对"中国著述"的文本分析，将书籍研究置身于近代早期英国并推及欧洲大陆的社会背景之中，分析英国学人如何以写作践行着自身对中国文化的接受与排斥，努力探求其深层原因。

3. 结合相关史料、书信、日记等材料，梳理英国学人的阅读趣旨，探寻其"阅读中国"的书目，从读者接受的角度考察印刷媒介的历史功用，尤其是阅读习惯对文化心理形成的作用，揭示近代早期英人"阅读中国"的动机、方法和思想反馈，并探讨这种阅读行为如何影响英人的对华认识。

## 第二节　国内外研究现状

在经济全球化的今天，明清间中西文化交流史一直是学界不断关注和探讨的领域，主要包含"西学东渐"和"中学西传"两个研究方向。回顾近三十年来的研究发现，学术界的主要关注点还是在于对"西学东渐"的研究，对由来华传教士所开启的"中学西传"历史的研究相对要薄弱一些，虽然近年来也涌现出一些关于"中学西传"的研究著作和学术论文，不过相比之下是无法与数量繁多的"西学东渐"历史研究成果相提并论的。20世纪30年代起，西方学者、中国学者和日本学者都有过比较活跃的学术表现，二战至冷战期间进入低谷，整个20世纪50年代几乎没有任何有分量的著作问世，直到60年代才呈现复苏的迹象，相关著述和国际研讨会开始增多。从耿昇编译出版的《明清间入华耶稣会士和中西文化交流》可窥其间重要的国际研究成果。

进入90年代，该领域研究在欧美国家呈现出繁荣景象，有一批重要的著作产生，主要论述了16—18世纪欧洲人眼中的亚洲，探讨中国文化对欧洲的影响，在专题分析和综合研究方面均有重要突破。① 例

---

① 希雷恩的《中国与18世纪的欧洲园林》（1990）、史景迁的《文化类同与文化利用》（1990）和《西方观念中的中国》、托马斯·李主编的《中国与欧洲：16—18世纪的形象和影响》（1991）、泰家懿与奥克斯·托比合编的《启蒙道德：莱布尼茨与沃尔夫论中国》（1992）和《发现中国：启蒙时代欧洲对中国的理解》（1992）、唐纳德· F. 拉赫的《欧洲形成中的亚洲》第三卷（1993）、道恩的《中国情趣》（1993）、库克的《莱布尼茨论中国》（1994）、孟德卫的《中国礼仪之争的历史与意义》（1994）、杜木兰的《中国植物于18世纪引进法国及其风土驯化》（1994）、马可·克雷邦的《西方哲学明鉴中反映出的东方》（1994）等。

如:(1)安田朴的《中国文化西传欧洲史》(*L'Europe chinoise*)(1988—1989)以"东学西渐"的研究视角出发,以作者长期的教学与研究成果为基础,从宏观上全面论述了从唐代到清代中期千余年间中欧文化的交流,中国文化在欧洲的传播及其影响,涉及了哲学、伦理、美学、文学、宗教、风俗等文化的各个层面,是一部全景概览式的著作。(2)维吉尔·毕诺的《中国对法国哲学思想形成的影响》(*La Chine et la formation de l'esprit philosophique en France*)研究了 17—18 世纪中西文化、思想、哲学交往,上编论述法国人通过入华传教士发表的日记、游记和信件等渠道来认识中国,以及耶稣会会士们在本国发表有关中国的著作,从而出现了"中国热"的高潮;还介绍了各教派在国内外的"门户之争"和长达 2 年的"中国礼仪之争"的情况。下编论述法国人认识中国历史的悠久,中国人在亚当之前就存在和中国在诺亚洪水之前曾有人居住等观点;中国的哲学思想和孔夫子的教理远播西方的情况,以及受中国的影响 17—18 世纪法国哲学思想的形成,并出现多位哲学家巨匠。① (3)谢和耐的《中国与基督教:中西文化的首次撞击》(*Chine et Christianisme: Action et réaction*)一书研究的并非传统的传教史,而是传教过程中的中西文化冲突,以此来研究中西文化的特质。谢和耐在本书中详细分析了明清鼎革之际中国与西方基督教世界在政治、历史、社会、思想、文化,尤其是世界观和伦理方面的异同,主要对中国文化和基督教文化的各个方面加以比较研究,通过中国人和传教士的自述,对比宗教以及社会形态、道德规范、政治、哲学、语言等方面的差异,表现了中西文化在第一次真正接触时所发生的强烈碰撞。② (4)唐纳德·F. 拉赫的《欧洲形成中的亚洲》(*Asia in the Making of Europe*)第三

---

① [法]维吉尔·毕诺著,耿昇译:《中国对法国哲学思想形成的影响》,商务印书馆 2013 年版。

② [法]谢和耐著,耿昇译:《中国与基督教:中西文化的首次撞击》,商务印书馆 2013 年版。

卷共四册，其中第二册百科全书式地概述了欧洲 17、18 世纪有关亚洲的文献著述，亚洲文化开始影响欧洲人的思想与信仰，注重文献分析；第四册则专论中国与日本对欧洲现代文化尤其是启蒙运动的影响。①

同时在中国，研究中西关系史的学者开始走出"西学东渐"的框架，越来越多的人开始涉足"中学西传"的领域，也着实取得了一些成绩。我们知道，长期以来许多学者专注于明清之际"西学东渐"的研究，并且已有一批比较有分量的研究成果出版。相对而言，同一时期"中学西传"方向却很少有人问津。造成这种不平衡的研究现状有资料方面的原因。因为"中学西传"方向的文献资料和实物资料，主要集中在西欧各国的档案馆、图书馆和博物馆，涉及拉丁、葡、法、西、英、德、意等近十个语种，给中国学者带来诸多不便。因此，国内 20世纪三四十年代这一方向的开拓者如陈受颐、范存忠、钱钟书、方豪等前辈，②大多有留学背景，都是学贯中西的大学者，直接用外语就 16—18 世纪中国文学对英国文学的影响发表了一系列研究成果，为后学树立了典范。20 世纪 80 年代，随着改革开放的深入，中国学者开始有机会走出国门，到各国的档案馆、图书馆查阅文献资料，到博物馆研究实物资料，部分重要的西文原始材料和近期的国际研究成果也陆续得以翻译出版，为这一方向拓展了研究空间。90 年代以来，钱林森、张弘、谈敏、忻剑飞、许明龙、韩琦等中国学者开始重视中国文化对欧洲、对法国的影响研究，在多方面取得了重大进展，逐渐成为学术界的热点，

---

① ［美］唐纳德·F. 拉赫、埃德温·范·克雷著，周宁等译：《欧洲形成中的亚洲》，人民出版社 2013 年版。

② 陈受颐：《中欧文化交流史事论丛》，台湾商务印书馆 1970 年版；范存忠：《中国文化在启蒙时期的英国》，上海外语教育出版社 1991 年版；Qian Zhongshu, *A Collection of Qian Zhongshu's English Essays*，外语教学与研究出版社 2005 年版；方豪：《中国天主教史人物传》（全三册），中华书局 1988 年版；《中西交通史》，上海人民出版社 2008 年版。

国内出版了一大批相关领域的著述,"中学西传"研究取得了显著成效。① 以下分几个方面举例说明。

## 一 中学西传欧洲的整体研究②

莫东寅的《汉学发达史》(1949) 是国内最早的一部汉学研究通史专著,首开中外关系史通史研究先河。张星烺的《中西交通史料汇编》(六卷本) 为 17 世纪中叶 (明末) 以前中国与欧、亚、非洲各国和地区往来关系的史料摘编,至今仍广为学界引用,是中外关系史研究的重要参考史料。③ 之后《国外汉学史》《欧洲中国学》,以及《当代国外中国学研究》分别对西方中国研究的整体历史与现状做了较为系统的介绍和梳理,弥补了国内西方汉学通史研究的不足。④ 1. 张西平的《欧洲早期汉学史:中西文化交流与西方汉学的兴起》重点探讨了西方早期汉学形成和发展的历史,该书以古希腊、罗马对中国的认识为开端,

① 钱林森的《中国文学在法国》(1990)、谈敏的《法国重农学派的中国渊源》(1991)、杨武能的《歌德与中国》(1991)、范存忠的《中国文化在启蒙时期的英国》(1991)、忻剑飞的《中国的世界观》(1991)、张弘的《中国文学在英国》(1992)、安文铸等编撰的《莱布尼茨与中国》(1993)、许明龙的《中西文化交流的先驱》(主编,1993) 和《欧洲 18 世纪"中国热"》(1999)、孟华的《伏尔泰与孔子》(1993)、卫茂平的《中国对德国文学影响史述》(1996)、陈铨的《中德文学研究》(1997)、李天纲的《中国礼仪之争:历史·文献和意义》(1998)、韩琦的《中国科学技术的西传及其影响 (1582—1793)》(1999)、陈玮和王捷的《东方美学对西方的影响》(1999)、王宁等的《中国文化对欧洲的影响》(1999)、周宁的《2000 年西方看中国》(1999)、史丹彪的《中国法律文化对西方的影响》(1999)、朱谦之的《中国哲学对欧洲的影响》(1999 再版)。

② 沈定平:《明清之际中西文化交流史——明代:调适与会通》,沈福伟:《中西文化交流史》,吴孟雪、曾丽雅:《明代欧洲汉学史》,张国刚、吴莉苇:《中西文化关系史》,张西平的《欧洲早期汉学史:中西文化交流与西方汉学的兴起》重点探讨了西方早期汉学形成和发展的历史,《东西流水终相逢》,张星烺著、朱杰勤校订:《中西交通史料汇编》(六卷本),李学勤:《国际汉学著作提要》,桑兵:《国学与汉学——近代中外学界交往录》

③ 张星烺著、朱杰勤校订:《中西交通史料汇编》(六卷本),中华书局 1978 年、2003 年版。

④ 莫东寅:《汉学发达史》,北平文化出版社 1949 年印行,1989 年上海书店出版影印本,2006 年大象出版社再版;何寅、许光华主编:《国外汉学史》,上海外语教育出版社 2002 年版;黄长著、孙越生、王祖望:《欧洲中国学》,社会科学文献出版社 2005 年版;何培忠主编:《当代国外中国学研究》,商务印书馆 2006 年版。

从地理大发现、传教士入华着手，从认识和想象两个角度，从互动与交流的视野，梳理欧洲早期关于中国知识和形象的形成以及在这一过程中中西文化的交流互动。作者认为互动的交流，相互的影响，共同的创造，这是 16—18 世纪中西文化交流史的根本性特点，并基于这样的认识将传教士在中国的整个活动和写作都纳入了欧洲早期汉学的历史，从而，将中国明清之际的中国天主教史和欧洲早期汉学的发生放在一个历史的平台上，给这一时期的历史研究一个全球化的视野。[①] 2. 许明龙的《欧洲十八世纪"中国热"》讨论的的内容正是中国文化西传和欧洲人对于中国文化的接受。中国文化西传欧洲后，掀起了波澜壮阔的"中国热"，把王公贵族、文人墨客乃至市井小民全都卷入其中，令他们如痴如醉，无限向往；思想家们为如何看待中国文化展开了激烈的论争，并产生了广泛而深远的影响。[②] 3. 沈定平的《明清之际中西文化交流史——明代：调适与会通》揭示了来华耶稣会会士适应性传教路线的形成过程及其国际影响，阐释了明中叶后思想文化领域的多元化趋势为西学传播所提供的良好文化氛围。主要内容包括明清之前中西文化交流概况、中西文化交流进入新时期的世界背景、耶稣会的建立及其基本特征、利玛窦（Matteo Ricci，1552－1610）获准在北京居留并传播西方科学技术、中国传教团适应性传教路线的国际影响等。4. 沈福伟的《中西文化交流史》一书自中西交通的曙光时代新石器时代开始，按照时间顺序，从广义文化的角度对新石器时代到目前的中西文化由初步接触到互相交融冲撞的历史作了全面而又颇有深度的系统介绍。[③]

　　有一部分"中学西传"相关的文献散落于汉学史的专著或学术文

①　张西平：《欧洲早期汉学史：中西文化交流与西方汉学的兴起》，中华书局 2009 年版。

②　许明龙：《欧洲十八世纪中国热》，外语教学与研究出版社 2007 年第 1 版，2008 年 4 月第 2 次印刷。

③　沈福伟：《中西文化交流史》，上海人民出版社 2014 年版。

章中，如何寅及许光华主编的《国外汉学史》、程曦的《海外汉学兴衰管见》、胡志宏的《西方中国古代史研究导论》、刘正的《汉学在20 世纪东西方各国研究和发展的历史》、桑兵的《国学与汉学——近代中外学界交往录》等等。近期最引人注目的这类资料性著作是《欧洲中国学》，此书以国别分类，其中的英国篇概述了英国中国学从 17世纪中期到 20 世纪 80 年代的研究发展状况，提供了非常丰富的资料库。

在英文文本方面，英国汉学史著作很少，目前能找到的大概只有一本，即 1989 年巴瑞特在伦敦出版的一本小书《兴味索然的独一性：中文书与不列颠学者之简史》。① 这部薄薄的小书最初是作者参加伦敦大学亚非学院召开的一次有关英国图书馆学的讨论会时提交的非正式论文，并非为整理英国汉学史而作。当时只有 44 页，后来作者做了一定充实后付梓。全书分为以下部分：中文书籍与真实的中国，早期欧洲汉学：伊比利亚时期，第一次中英接触，17、18 世纪的英国，18 世纪的俄国与法国，东印度公司汉学（East India Company Sinology），19 世纪汉学家（Sinologists），19 世纪伦敦的中国研究（Chinese Studies），19世纪晚期、20 世纪初的英国、欧美崛起，战争时期的英国，战后英国汉学的扩展，英国的中国研究回顾、忽略的后果等。全书的基调与结论都指向一种倾向，即认为英国学者对汉学研究是"出奇的漠然"，重视度不高。这种对中国的商业兴趣浓于学术研究的倾向在后来英国学者撰写的相关文章中也基本得到了大家的公认，常常被拿来说明英国汉学不十分发达的理由。

除了专著之外，学界对英国汉学的论述多数是以论文形式展开的。例如，对英国汉学作整体研究的中文论文主要有：1. 林佐瀚的《英国早期汉学发展溯源》，文章涵盖了 16、17 世纪至 19 世纪中期，提出了

---

① T. H. Barrett, *Singular Listlessness: A Short History of Chinese Books and British Scholars*, London: Wellsweep Press, 1989.

斯当东为"英国汉学之父",马礼逊牧师为"英人研究汉学的一代宗匠"。2. 陈尧圣在其《英国的汉学研究》论文中,简单回顾了 19 世纪英国汉学研究,重点在 20 世纪的描述。3. 近藤一成的《英国的中国学》一文中,主要介绍了英国的中国学会以及设置中国学专业课程的大学和研究机构的概况,基本集中于 20 世纪。4. 熊文华的《英国的汉学研究》则系统地论述了英国汉学自 17 世纪至今的研究状况,既有英国汉学家的介绍,又有汉语教学等专题研究,还包括各大学里研究机构的简介等。不过这一类的研究受论文篇幅所限,不可能展开深入的论述,大多是史实的简单陈述,基本倾向也是更多地着眼于 20 世纪的研究与介绍,旨在加强国内学界对英国汉学研究现状的了解,对于英国汉学"史"的研究则基本没有。

## 二 "中学西传"的国别研究

早年学术界张国刚的德国汉学、侯且岸的美国中国学、张静河的瑞典汉学研究开启了国别研究的先河,近年来国内学术界又出版了一批国别汉学史的专著,对特定国家关于中国学研究的历史与现状进行梳理与分析,使得这一领域的研究日益充实,如《法国汉学史》、①《日本汉学史》、②《日本中国学史稿》、③《俄罗斯汉学史》④ 和《中国文学俄罗斯传播史》、⑤《俄国汉学史》和《俄罗斯汉学三百年》、⑥《荷兰汉学史》、⑦《德国汉学:历史、发展、人物与视角》、⑧《忘与亡:奥地利汉

---

① 许光华:《法国汉学史》,学苑出版社 2009 年版。

② 李庆:《日本汉学史》,上海人民出版社 2010 年版。

③ 严绍璗:《日本中国学史稿》,学苑出版社 2009 年版。

④ 李明滨:《俄罗斯汉学史》,大象出版社 2008 年版。

⑤ 李明滨:《中国文学俄罗斯传播史》,学苑出版社 2011 年版。

⑥ 阎国栋:《俄国汉学史》,人民出版社 2006 年版;《俄罗斯汉学三百年》,学苑出版社 2007 年版。

⑦ 熊文华:《荷兰汉学史》,学苑出版社 2012 年版。

⑧ 张西平主编:《德国汉学:历史、发展、人物与视角》,大象出版社 2005 年版。

学史》，①《朝鲜半岛汉学史》，②《日耳曼学术谱系中的汉学——德国汉学之研究》③ 等著作。其中熊文华的《英国汉学史》梳理了三百年来英国汉学发展史，并对其中比较著名的汉学家有所介绍，尤其最后一章对史论及实践角度的英国汉学做了深入的分析，难能可贵。④

## 三 "中学西传"的个案研究

针对整个汉学界的某个专题的个案研究，如《华裔汉学家周策纵的汉学研究（列国汉学史书系)》，⑤《汉诗英译研究——理雅各、翟理斯、韦利和庞德》，⑥《尼·雅·比丘林及其汉学研究》，⑦《巴拉第的汉学研究》，⑧《中国评论与西方汉学》，⑨《朗宓榭汉学文集》，⑩《卫三畏与美国汉与中国》 等。⑪

近年来，英国汉学史领域更为丰硕的研究成果是针对汉学家及其著述的个案研究，所涉及的汉学家包括：马礼逊、麦都思、理雅各、伟烈亚力、威妥玛、慕维廉（William Muirhead，1822 – 1900）、艾约瑟、翟理斯、莫理循（George Ernest Morrison，1862 – 1920）、斯坦因（Sir Mark Aurel Stein，1862—1943）等等。早期的个案研究，多数是简单的生平简介，近年来，少数学者开始从汉学家角度对他们做出系统的论

---

① ［英］傅熊著，王艳、［德］儒丹墨译：《忘与亡：奥地利汉学史》，华东师范大学出版社2011年版。

② 刘顺利：《朝鲜半岛汉学史》，学苑出版社2009年版。

③ 李雪涛：《日耳曼学术谱系中的汉学——德国汉学之研究》，外语教学与研究出版社2008年版。

④ 熊文华：《英国汉学史》，学苑出版社2007年版。

⑤ 王润华：《华裔汉学家周策纵的汉学研究（列国汉学史书系)》，学苑出版社2011年版。

⑥ 吴伏生：《汉诗英译研究——理雅各、翟理斯、韦利和庞德/列国汉学史书系》，学苑出版社2012年版。

⑦ 李伟：《尼．雅．比丘林及其汉学研究》，学苑出版社2014年版。

⑧ 陈开科：《巴拉第的汉学研究》，学苑出版社2007年版。

⑨ 王国强：《中国评论与西方汉学》，上海书店出版社2010年版。

⑩ 徐艳主编：《朗宓榭汉学文集》，复旦大学出版社2013年版。

⑪ 赵春梅：《列国汉学史书系：瓦西里耶夫与中国》，学苑出版社2007年版。

述。例如，岳峰的博士论文《架设东西方的桥梁：英国汉学家理雅各研究》，以及王绍祥的博士论文《西方汉学界的公敌：英国汉学家翟理斯（1845—1935）研究》，都是真正把他们作为汉学家来研究的，而且对于原始资料的穷尽也颇为用功，是近年来难得的学术成果。

英文文献中值得推介的个案研究有美国吉瑞德的《朝觐东方：理雅各评传》，① 这一大部头搜集了丰富的文字及实物资料，其中不乏以前未被利用到的文献及其他资源，书的核心部分章节分布基本是按照理雅各的多重身份划分，如朝圣者、牛津大学教授、异教徒、翻译家、教育家等，从不同角度描绘了不同时期的理雅各，多角度地更为完整地论述了理雅各一生的贡献。② 另有费乐仁（Lauren F. Pfister）的《力尽"人所当尽的本分"——理雅各及苏格兰新教与中国之相遇》③（ Striving for ' The Whole Duty of Man '：James Legge and the Scottish Protestant Encounter with China，2003），基本按照时间顺序将理雅各的人生划分了不同阶段，全书的线索即为理雅各的传教士身份与学者身份的冲突、调适、发展，以及最后成为传教士汉学家的典范，作者重点关注了这整个发展过程中的复杂性以及背后透视的苏格兰新教与中国文化的冲突。

另外，也有不少针对某一本英国汉学文献进行研究的论文。例如黄时鉴在其《麦都思〈汉语福建方言字典〉论述》一文中，充分肯定了这部作品的语言学价值，指出它是西方人研究福建方言的第一部著作；张卫东的《威妥玛氏〈语言自迩集〉所记的北京音系》与张德鑫的《威妥玛氏〈语言自迩集〉与对外汉语教学》从语言学的角度分析了这部作品，并指出其在对外汉语教学以及汉语语法研究方面的贡献；董守

---

① ［美］吉瑞德著：《朝觐东方：理雅各评传》（Norman J. Girardot，The Victorian Translation of China：James Legge's Oriental Pilgrimage），加利福尼亚出版社 2002 年版。

② 相关内容参见［美］吉瑞德著，段怀清译《朝觐东方：理雅各评传》，广西师范大学出版社 2011 年版。

③ ［美］费乐仁：《力尽"人所当尽的本分"——理雅各及苏格兰新教与中国之相遇》（Lauren F. Pfister，Striving for ' The Whole Duty of Man '：James Legge and the Scottish Protestant Encounter with China），彼得朗出版社 2003 年版。

信的《翟理斯和他的〈华英字典〉》介绍了翟理斯的汉学成就，并着重说明了这部作品在中外辞书编著史上的贡献。

## 四 "中学西传"的专题研究

此外，一些汉学史的专题研究也值得关注。《中国文化的域外解读》、①《雾外的远音：英国作家与中国文化》、②《中法文化交流史》、③《英国 19 世纪的汉学史研究》、④《中国文化在俄罗斯》、⑤《光自东方来：法国作家与中国文化》、⑥《英语世界的陶渊明研究》、⑦《汉学与汉语言文学文献研究》、⑧《当代西方汉学研究集萃：妇女史卷》、⑨《欧美汉学研究的历史与现状》、⑩《京都学派汉学史稿》、⑪《域外汉学与中国现代史学》、⑫《汉学研究新视野》、⑬《当代西方汉学研究集萃·宗教史卷》、⑭《当代西方汉学研究集萃·中古史卷》、⑮《当代西方汉学研究集萃·上古史卷》、⑯《当代西方汉学研究集萃·思想文化史卷》、⑰《中国新文学 20 世纪域外传播与研究》、⑱《列国汉学史书系：华裔汉学家叶

---

① 张西平、顾钧编：《中国文化的域外解读》，华东师范大学出版社 2013 年版。
② 葛桂录：《雾外的远音：英国作家与中国文化》，宁夏人民出版社 2002 年版。
③ 耿昇著：《中法文化交流史》，云南人民出版社 2013 年版。
④ 胡优静：《英国 19 世纪的汉学史研究》，学苑出版社 2009 年版。
⑤ 李明滨：《中国文化在俄罗斯》，中国国际广播出版社 2012 年版。
⑥ 钱林森：《光自东方来：法国作家与中国文化》，宁夏人民出版社 2004 年版。
⑦ 吴伏生：《英语世界的陶渊明研究》，学苑出版社 2013 年版。
⑧ 胡继明：《汉学与汉语言文学文献研究》，西南交通大学出版社 2008 年版。
⑨ 伊沛霞、姚平主编：《当代西方汉学研究集萃·妇女史卷》，上海古籍出版社 2012 年版。
⑩ 张西平：《欧美汉学研究的历史与现状》，大象出版社 2006 年版。
⑪ 刘正：《京都学派汉学史稿》，学苑出版社 2011 年版。
⑫ 李孝迁：《域外汉学与中国现代史学》，上海古籍出版社 2014 年版。
⑬ 顾彬：《汉学研究新视野》，广西师范大学出版社 2013 年版。
⑭ 伊沛霞、姚平主编：《当代西方汉学研究集萃·宗教史卷》，上海古籍出版社 2012 年版。
⑮ 伊沛霞、姚平主编：《当代西方汉学研究集萃·中古史卷》，上海古籍出版社 2012 年版。
⑯ 陈致：《当代西方汉学研究集萃·上古史卷》，上海古籍出版社 2012 年版。
⑰ 张聪、姚平主编：《当代西方汉学研究集萃·思想文化史卷》，上海古籍出版社 2012 年版。
⑱ 宋绍香：《中国新文学 20 世纪域外传播与研究》，学苑出版社 2012 年版。

嘉莹与中西诗学》、① 《欧美汉学研究的历史现状》、② 《误解的对话——德国汉学家的中国记忆》、③ 《海外汉学书系：华乐西传法兰西》、④ 《国际汉学著作提要》、⑤ 《国学与汉学——近代中外学界交往录》、⑥ 《中英关系史论丛》、⑦ 《汉籍外译史》等著作。⑧

英文著作方面值得注意的是张顺洪的 *British Views on China：At a Special Time*（*1790—1820*）（《一个特殊时期的英人评华：1790—1820》），比较深入广泛地考察了一个特殊时期英国人对中国的评价。而且，不是只考察几个著名人物的看法，而是考察了作者当时在英国图书馆能够搜集到的几乎所有相关著者的看法，比较全面地揭示了1790—1820 年间英国人述华、评华时存在明显的不同看法以及英国对中国评价的发展变化状况。这是不能通过简单考察几个著名人物的对华评价所能够发现或揭示的。⑨

还有针对整个汉学界的某个专题的研究，其有些涉及英国汉学文献的研究内容。1. 张西平的《中国与欧洲早期宗教和哲学交流史》，其中第八章即为"中国宗教和哲学在英国的传播和影响"。2. 蒲立本的《欧洲的汉语音韵学研究：第一阶段》中也有一定篇幅讨论伦敦会艾约瑟（Joseph Edkins，1823—1905）对于汉语古音的构拟问题的研究。⑩3. 王晓路的《西方汉学界的中国文论研究》等专著也有专门论述英国汉学家作品与贡献的章节。4. 另外，值得一提的是《中国科学技术的

---

① 徐志啸：《列国汉学史书系：华裔汉学家叶嘉莹与中西诗学》，学苑出版社 2009 年版。
② 张西平：《欧美汉学研究的历史现状》，大象出版社 2006 年版。
③ 李雪涛：《误解的对话——德国汉学家的中国记忆》，新星出版社 2014 年版。
④ 陈艳霞：《海外汉学书系：华乐西传法兰西》，商务印书馆 2013 年版。
⑤ 李学勤：《国际汉学著作提要》，江西教育出版社 1996 年版。
⑥ 桑兵：《国学与汉学——近代中外学界交往录》，中国人民大学出版社 2010 年版。
⑦ 王绳祖编：《中英关系史论丛》，人民出版社 1981 年版。
⑧ 马祖毅、任荣珍：《汉籍外译史》，湖北教育出版社 1997 年版。
⑨ 张顺洪：《一个特殊时期的英人评华：1790—1820》（Shunhong Zhang，*British Views on China：At a Special Time 1790 – 1820*），中国社会科学出版社 2014 年版。
⑩ ［加］蒲立本著，张洁译：《欧洲的汉语音韵学研究：第一阶段》，任继愈主编《国际汉学》，第九辑，大象出版社 2003 年版。

西传及其影响》一书，与国内其他使用二手资料而著的作品不同，这里作者通过对大量西方原始史料的梳理，提炼出 16—18 世纪中国天文学等传统科学和技术西传欧洲的历程，并探讨了中国科技对欧洲的贡献和影响。①

## 五 "中学西传"的译介及其研究

这一时期相关领域学术著作的汉译也逐渐丰富起来，马立安·高利克的《捷克和斯洛伐克汉学研究》、② 斯卡奇科夫的《俄罗斯汉学史》。③ 卫三畏的《中国总论》、④ 谢和耐的《中国人的智慧》、⑤ 安田朴的《中国文化西传欧洲史》、⑥ 维吉尔·毕诺的《中国对法国哲学思想形成的影响》、⑦《马伯乐汉学论著选译》、《沙畹汉学论著选译》、⑧ 史景迁的《中国纵横：一个汉学家的学术探索之旅》、⑨ 马国贤的《清廷十三年：马国贤在华回忆录》、⑩ 闵明我的《上帝许给的土地——闵明我行记和礼仪之争》、⑪ 罗伯特·斯特林·克拉克与阿瑟·德·卡尔·索尔比的《穿越陕甘——1908—1909 年克拉克考察队华北行纪》、⑫ 丁

---

① 韩琦：《中国科学技术的西传及其影响（1582—1793）》，河北人民出版社 1999 年版。

② ［斯］马立安·高利克著，李玲等译：《捷克和斯洛伐克汉学研究》，学苑出版社 2009 年版。

③ ［俄］斯卡奇科夫著，柳若梅译：《俄罗斯汉学史》，社会科学文献出版社 2011 年版。

④ ［美］卫三畏著，陈俱译：《中国总论》，上海古籍出版社 2014 年版。

⑤ ［法］谢和耐著，何高济译：《中国人的智慧》，上海古籍出版社 2013 年版。

⑥ ［法］安田朴著，耿昇译：《中国文化西传欧洲史》，商务印书馆 2013 年版。

⑦ ［法］维吉尔·毕诺著，耿昇译：《中国对法国哲学思想形成的影响》，商务印书馆 2013 年版。

⑧ ［法］沙畹著，邢克超·杨金平·乔雪梅译：《沙畹汉学论著选译》，中华书局 2014 年版。

⑨ ［英］史景迁著，夏俊霞等译：《中国纵横：一个汉学家的学术探索之旅》，上海远东出版社 2005 年版。

⑩ ［意］马国贤著，李天纲译：《清廷十三年：马国贤在华回忆录》，上海古籍出版社 2013 年版。

⑪ ［西班牙］闵明我著，何高济译：《上帝许给的土地——闵明我行记和礼仪之争》，大象出版社 2009 年版。

⑫ ［美］罗伯特·斯特林·克拉克、阿瑟·德·卡尔·索尔比著，史红帅译：《穿越陕甘——1908—1909 年克拉克考察队华北行纪》，上海科学技术文献出版社 2010 年版。

韪良的《汉学菁华·中国人的精神世界及其影响力》、① 弗朗索瓦·于连、狄艾里·马尔塞斯的《经由中国从外部反思欧洲——远西对话》、② 崔瑞德的《剑桥中国史》、③《剑桥中国明代史（1368—1644 年）（上卷）》、④《剑桥中国秦汉史（公元前 221 年至公元 220 年）》⑤ 和《剑桥中国隋唐史（589—906 年）》、⑥《剑桥中国辽西夏金元史（907—1368年）》、⑦ 费正清的《剑桥中国晚清史（1800—1911 年）》、⑧《剑桥中华民国史（1912—1949 年）》、⑨ 谢和耐的《中国与基督教：中西文化的首次撞击》等一系列海外汉学名家之作经由翻译家的译介开始进入中国，为更多学者的深入研究提供了便利。⑩

　　关于近代早期中国与欧洲交往的具体史实以及中国文化对当时欧洲的影响，许多历史学家和文化史专家已经做出了认真的考订、辨析与评价，取得了重要的成果，但是我们也看到其中尚有不足与缺憾。东西方学者在探讨中国文化对欧洲影响时都将欧洲视为统一的研究对象，容易忽略西欧各国的个体特质。即便谈及国别影响，鉴于法国在汉学史上的重要地位，这一领域的研究也主要围绕法国展开。作为当时欧洲重要国

---

　　① ［美］丁韪良著，沈弘译：《汉学菁华·中国人的精神世界及其影响力》，世界图书出版公司 2010 年版。

　　② ［法］弗朗索瓦·于连、狄艾里·马尔塞斯，张放译：《经由中国从外部反思欧洲——远西对话》，大象出版社 2005 年版。

　　③ ［英］崔瑞德、鲁惟一编，杨品泉等译：《剑桥中国史》，中国社会科学出版社 1992 年版。

　　④ ［美］牟复礼、［英］崔瑞德编，张书生、黄沫、杨品泉、思炜、张言等译：《剑桥中国明代史（1368—1644 年）（上卷）》，中国社会科学出版社 1992 年版。

　　⑤ ［英］崔瑞德、鲁惟一编，杨品泉、张书生、陈高华、谢亮生、一山等译：《剑桥中国秦汉史（公元前 221 年至公元 220 年）》，中国社会科学出版社 1992 年版。

　　⑥ ［英］崔瑞德编，中国社会科学院历史研究所、西方汉学研究课题组译：《剑桥中国隋唐史（589—906 年）》，中国社会科学出版社 1990 年版。

　　⑦ ［德］傅海波、［英］崔瑞德编，史卫民等译：《剑桥中国辽西夏金元史（907—1368年）》，中国社会科学出版社 1998 年版。

　　⑧ ［美］费正清、刘广京编：《剑桥中国晚清史（1800—1911 年）》，中国社会科学出版社 1985 年版。

　　⑨ ［美］费正清、费维恺编，刘敬坤、叶宗敫、曾景忠、李宝鸿、周祖羲等译：《剑桥中华民国史（1912—1949 年）》，中国社会科学出版社 1994 年版。

　　⑩ ［法］谢和耐著，耿昇译：《中国与基督教：中西文化的首次撞击》，商务印书馆 2013年版。

家之一的英国对中国文化的接受研究仍然是其中的薄弱环节，很少有研究专门谈论中国文化对英国的影响，而且大多是从文学批评的角度集中探讨文学创作上的影响，缺少中国文化对英国社会影响的整体把握与研究。实际上，如果将视角放公允一些，便很容易发现，英国在近代进程中对中国文化的学习和借鉴虽然没有法国和德国那么具有代表性，但也有其独有的特点和影响。本书正是立足于此，考量 16—18 世纪中国文化西传英国的历程，对近代早期欧洲刊行的"中国著述"在英国的传播与影响进行梳理，分析英国学人对此或赞扬或贬斥的回应之势，从而探讨中国文化对英国的影响和作用。

# 第一章　近代早期欧洲刊行的"中国著述"

## 第一节　大航海时代的中国行纪

13 世纪初,蒙古部落在中国北方兴起。1206 年,成吉思汗建立蒙古帝国,蒙古民族随即扬起"上帝的神鞭"开始进行大规模远征。13 世纪 20 至 60 年代,蒙古人三次西征以破竹之势打通了欧亚大陆,西方基督教世界感到前所未有的威胁。他们意欲了解关于蒙古人以及东方各国的情况,教皇于是委派天主教方济各会和多明我会的修士东来,以传教为名打探情报,形成了基督教在中国传播的第二次高潮。这批东行的传教士以方济各会会士为主,他们肩负着打探情报的使命远赴蒙古帝国,留下一批书简和游记作品,成为早期欧亚之间更为可靠、翔实的信息来源。

先是 1245—1247 年间,意大利方济各会会士柏朗嘉宾（Giovanni da Pian del Carpine, 1182—1252）受教皇委派出使蒙古并顺利返回欧洲,著有《柏朗嘉宾蒙古行纪》（*Ystoria Mongalorum*）。1253—1255 年,法国方济各会会士鲁布鲁克（Guillaume de Rubrouck, 约 1215—1257）受法王路易九世（Louis IX, 1214—1279）敕令出使蒙元帝国,依据东方见闻写出《鲁布鲁克东行纪》（*Viaggio in Mongolia*）。1271—1295 年,意大利商人和旅行家马可·波罗（Marco Polo, 1254—1324）随父东游,后由其口述、比萨人鲁斯蒂谦（Rusticiano）笔录而成《马可·波罗行纪》。1289 年，罗马教皇又派遣意大利方济各会会士若望·孟德高维诺（Giovanni de Montecorvino，1247—1328）前往汗八里（北京），留下与教廷的往来书简。1314—1328 年间，意大利弗黎乌里（Friuli）人方济各会士鄂多立克（Odorico da Pordenone，1286—1331）东行，后依据其东方旅行见闻口述，由他人转录而成《东方鞑靼奇闻》。[1] 1338 年，意大利佛罗伦萨人方济各会会士马黎诺里（Giovanni de Marignli，约 1290—1353 年之后）受教皇指派率团出使元朝，回国后将其出使东方的回忆收入三卷本《波西米亚史》，后人辑录为《马黎诺里奉使东方录》，即《马黎诺里游记》。[2] 13 世纪东来的方济各会会士们并未实现在华实施基督教大归化的抱负，更未能实现教皇之愿望——与中国建立持久的关系，但他们通过蒙古人打通的欧亚丝绸之路而打开了通向中国之门，结合自己的知识背景，将所见所闻记述下来，勾勒出 13—14 世纪蒙古人的轮廓，这些行纪或游记作为了解蒙古的第一手资料，成为欧洲人乃至整个西方世界认识蒙古、了解东方的开始。

## 一　新航路开辟之前的中国绘景

1368 年，朱元璋灭元建明，奉行"守边自固"方针。这时，奥斯曼帝国在小亚细亚兴起，逐渐控制了欧洲大陆前往东方的陆路交通，中西关系格局发生重大改变。由于奥斯曼帝国的阻隔，欧洲运送香料的商队受到沿途层层关卡的盘剥，几乎无法前往亚洲进行有利可图的贸易。欧洲与东方国家的贸易往来经历了一个多世纪的停滞。欧洲人迫切需要开辟一条新的商路通往东方，以便将东方的香料带回欧洲。随着制图学、航海术和造船术的不断发展，远洋航行成为可能。海外探

---

[1] Odorico da Pordenone, *Itinerarium Fratris Odorici Fratrum minorum de mirahilibus Orientalium Tartarorum*, 中译本题名《鄂多立克东游录》，由何高济翻译，中华书局 2002 年版。

[2] 1820 年，德国人梅纳特将马黎诺里出使见闻由《波西米亚史》第三卷辑出，刊登于《波西米亚科学学会会报》。

险和跨洋贸易越来越频繁，海外行纪，尤其是东方游记受到更广泛的关注。

## （一）柏朗嘉宾与《蒙古行纪》

柏朗嘉宾 1182 年生于意大利佩鲁贾（Perugia）一个贵族家庭，他是圣·方济各（Francesco d'Assi，1182—1226）的挚友，也是方济各会（小兄弟会）的创始人之一，也是第一位进入蒙元帝国的方济各会会士。[①] 1221 年，他被派往日耳曼、西班牙等地执行圣命，1245 年 4 月 16 日，65 岁高龄的他奉教皇英诺森四世（Innocent Ⅳ，1195—1254）之命，从里昂启程奔赴拔都的大本营——伏尔加河流域。先到达波兰的布雷斯劳，携其波兰教友贝内迪克特（Benedict）和翻译本笃（Benoît）一并出使蒙古。他们克服不懂语言、没有地理向导、不了解蒙元情况等障碍，一路向东跋涉，最终于 1246 年 4 月 4 日到达钦察汗国的缔造者拔都（Batu，1209—1256）设在伏尔加河畔的西蒙古幕帐。7 月 22 日，抵达哈拉和林（Qara－Qorum）近郊的营地"昔刺斡鲁朵"，有幸参加蒙古定宗贵由汗（1206—1248）的登基大典。[②] 不到四个月时间里，柏朗嘉宾一行拜见了贵由及中书右丞相镇海等人，一直停留到 11 月 13 日才离开哈林和林回国，1247 年 11 月 24 日返回里昂。[③]

13 世纪，蒙古人西进，征服了东亚和中亚大部分地区。1236 年，蒙古铁骑消灭卡马河畔的不里阿耳突厥王国，1238 年攻陷莫斯科，1239 年征服南俄罗斯草原，1240 年灭乞瓦（基辅国），1240—1241 年甚至打到勃烈儿（波兰）和马札尔（匈牙利），一度逼近奥地利维也纳的近郊。波兰人与日耳曼人联合抵抗蒙古人的征战，也于 1244 年惨遭

---

① 方济各早期的活动地域主要集中在西班牙、意大利、法国以及拜占庭（东罗马帝国）的中心地埃及地区。

② 蒙古语里"黄金帐篷"之意。

③ 柏朗嘉宾出使路线图参见耿昇、何高济译《柏朗嘉宾蒙古行纪　鲁布鲁克东行纪》，中华书局 2013 年版，中译者序言，第 5—6 页。

失败。① 西方基督教世界对此惶恐不安，急欲派人打探蒙古人的军事动向和社会情况，以制定抵御良策。这正是教皇派柏朗嘉宾出使蒙古的主要原因。当然，教皇也希望蒙古人能皈依基督教、接受洗礼，甚至还想与之结盟。从某种意义上，柏朗嘉宾肩负着教皇"军事密探"的身份。所以他每一处所经之地都留下了大量记录，此次出使并未达到预期的传教目的，但是完成了一名"密探"肩负的蒙元帝国国情调查以及军事情报的刺探任务。柏朗嘉宾出使蒙古历时两年半，返欧途中，于罗斯写下《蒙古行纪》的出使报告递交教廷。② 报告共九章，前八章描述了蒙古人的国家、气候、习俗、宗教、性格、历史、政策、战术以及对抗他们的最佳方案，第九章介绍了他途径的地区。其中既有蒙古人有关战争、军队、武器等军事详情，也涉及其王室宗系、宗教信仰、地理情况、生活方式以及通往东方的路线等方面。

《蒙古行纪》以拉丁文成书后多次转抄、翻译和再版，先后出版了拉丁文、德文、英文、俄文和法文，是《马可·波罗行纪》诞生之前欧洲人了解蒙元社会的重要参考资料。③《蒙古行纪》有两个著名的修订本，一是柏朗嘉宾本人编写，修订本现存都灵国家图书馆（the Turin National Library），二是《蒙古关系史》（*Tartar Relation*），在第二修订稿（the Second Redaction）基础上编撰而成。④ 当然，由于柏朗嘉宾此书的目的是为了说服罗马教廷进行备战，阻止蒙古人西征进程，并呼吁对蒙古人先发制人，所以他多次渲染蒙古人及其所征服的东方诸民族残暴成性和诸多陋习，极力丑化和歪曲蒙古人。因此，书中的某些说法并非作者真实见闻。

---

① ［法］荣振华等著，耿昇译：《16—20 世纪入华天主教传教士列传》，广西师范大学出版社 2010 年版，第 3 页。

② 《蒙古行纪》（*L'Ystoria Mongalorum*），中译本题为《柏朗嘉宾蒙古行纪》。

③ 手抄本题名不一，*Ystoria Mongalorum quos nos Tartaros appellamus*（History of the Mongols），*Liber Tartarorum*, or *Liber Tatarorum*（Book of Tartars, or Tatars）

④ Donald Ostrowski, *Second - Redaction Additions in Carpini's Ystoria Mongalorum*, Harvard Ukrainian Studies, 14, No. 3/4（1990）：522 – 550.

作为中世纪第一位出使蒙元帝国的西方使节，柏朗嘉宾来华时间要早于鲁布鲁克、马可·波罗或鄂多立克等人。他的出使报告是西方第一部介绍蒙元帝国和东方国家舆地学和人类学知识著作，首次向西方披露了东方民族及其分布情况，成为当时欧洲人获取中国信息的重要来源之一，其中记载的资料至今仍为学界视为研究蒙元历史和中国北方地区的珍贵参考文献。他带回的贵由写给教皇的回信，也是蒙古皇帝写给欧洲权贵的首封"国书"。①

### （二）鲁布鲁克与《东行纪》

柏朗嘉宾出使蒙古沟通了西方世界与蒙元帝国的交往渠道，之后两端的关系发展虽然缓慢，却未曾间断。1253 年，圣方济各会会士鲁布鲁克受法国国王路易九世（Louis IX，1214—1270）之敕令出使蒙古，成为"中法关系史上第一位官方使者"。② 关于鲁布鲁克这位传教士，同时代的作品没有留下与他相关的记载，我们只能从他的《东行纪》中了解他在蒙古旅行的一些情况。他可能 1215 年生于法国佛兰德（Flandre）鲁布鲁克镇，其名字即由此而来。据《东行纪》描述，1253 年 5 月 7 日他携带法王致蒙古大汗信函，从君士坦丁堡出发出使蒙元帝国，与 3 名陪同人员一起先到钦察草原拜见拔都长子撒里答（Sartaq，？—1256），因为路易九世风闻撒里答刚刚皈依基督教。③ 鲁布鲁克出使蒙元帝国期间，以使节的身份受到蒙古多个汗国可汗的召对、接待。1253 年 7 月 31 日，鲁布鲁克到达钦察汗国撒里答汗的幕帐并受到接见，同年 12 月 2—3 日，经由准噶尔盆地的阿拉湖，进入元定宗贵由汗的领地，12 月 27 日，抵达元宪宗蒙哥汗（Mangu）宫廷，先后 6 次受到元

---

① ［日］杉山正明著，孙越译：《蒙古帝国的兴亡》，第 100 页。
② ［法］荣振华等著，耿昇译：《16—20 世纪入华天主教传教士列传》，第 4 页。
③ 一名是方济各会士克雷英纳的巴尔泰莱梅（Barthélemy de Crémone），一名是教士郭塞（Gosset），可能是路易九世身边的方济各会士亲信，另外是翻译霍莫·代依（Homo Dei），参见耿昇《方济各会士出使蒙古帝国，中法关系的肇始》，《内蒙古论坛》2015 年第 1 期。

宪宗接见。鲁布鲁克请求留在蒙古地区传教，遭到蒙哥婉拒，因此不得不返回，1255 年 8 月 15 日返回的黎波里（Tripoli，在今黎巴嫩）。当地大主教不许他立即回到法国觐见法王路易九世，命他将出使经历撰成文稿，另派人转呈法王，他不得不以长信的形式写下了蒙古行程，这便是《鲁布鲁克东行纪》的由来。①

　　除了罗杰·培根的记述，我们没有其他任何关于鲁布鲁克的史料。1598 年，理查德·哈克卢特（Richard Hakluyt，约 1552—1616）从卢门莱爵士（Lord Lumley）所收藏的手抄本中刊印了鲁布鲁克报告的一部分。② 自第一个不完整的拉丁文版以来，各种译本、注释本和研究著作层出不穷。1625 年，普察斯（Purchas）依据剑桥伯涅特学院（今基督圣体学院）收藏的另一个手抄本全文刊布，收录在《朝圣者丛书》中。1839 年，巴黎地理学会（Société de Geographie）在《行纪和记录集成》第四卷（*Recueil de voyages et de mémoires*，Ⅳ）刊行了一个权威的完整版本，此版不仅综合了哈克卢特和普察斯的印本，还参考了当时的另外五种抄稿本，三个藏于基督圣体学院，一个藏于大不列颠博物馆，另一个藏于莱顿大学。③ 但是，这些抄本之间文字表述差别不大，看得出来源相同。至于各种语言的译本，都是根据哈克卢特或普察斯版本翻译而成。④ 1900 年，由柔克义⑤翻译的英文版（*The Journey of William of Rubruk to the Eastern Parts，1253 – 55*）由哈克卢特学会出版。⑥

---

　　① 耿昇、何高济译：《柏朗嘉宾蒙古行纪　鲁布鲁克东行纪》，中华书局 2013 年版，第 157 页。

　　② ［英］哈克鲁特：《小兄弟会士鲁布鲁克出使记》（*Hakluyt，Itinerarium fratris Willielmi de Rubruquis de ordine fratrum Minorum*），哈克卢特学会 1598—1600 年版。

　　③ Michel，Francisque，Wright，Thomas. "*Voyage en Orient du Frère Guillaume de Rubruk*"，In d'Avezac – Macaya，M. A. P. Description des Marveilles d'une partie de l'Asia，Tome 4（in French and Latin）. Paris：Société de Geographie，1839. pp. 205 – 396.

　　④ 耿昇、何高济译：《柏朗嘉宾蒙古行纪、鲁布鲁克东行纪》，英译者序言，第 172 页。

　　⑤ 柔克义（William Woodville Rockhill，1854—1914），美国外交官、汉学家，曾任驻华公使，代表美国政府与中国签订《辛丑条约》。

　　⑥ Rockhill，William Woodville，ed.，*The journey of William of Rubruck to the eastern parts of the world，1253 – 55*，Translated by Rockhill，William Woodville. London：Hayklut Society，1900.

关于鲁布鲁克出使蒙古的真正使命，《东行纪》的前言部分，鲁布鲁克开篇便讲：

> 鲁布鲁克的教友威廉，小兄弟会中之最贱者，向优秀的君王、最信仰基督的路易士、上帝护佑的法兰西名王，致以敬礼，祝愿他为基督而永远获胜。
>
> ……且不管我是采取何种方形式，既然在我向你告辞时，你吩咐我把在鞑靼人中的见闻向你报告，而且还告谕我说，不要怕写长信，所以我按你对我的吩咐办，虽然有所畏惧和腼腆，因为为应当写给如此伟大一位国王，所用的适当词汇，没有浮现在我思想中。①

由此可见，鲁布鲁克的确是受法王路易九世派遣出使蒙古，并带有刺探蒙古人军事动向的目的。鲁布鲁克要求留下传教，不过是意欲以此为掩护，收集蒙古人的情报。

这是另一部欧洲人记录蒙古帝国的早期著作，由于"他是一个罕见的观察力较强的人，具有一位艺术家的气质和眼睛……他写出的游记成为整个游记文学中最生动、最动人的游记之一"②。出使报告共分38章，基本以西方人对蒙古帝国以及东方各地区、各民族人民的关注问题为中心而展开。鲁布鲁克以其敏锐的观察、细腻而生动的文笔描述了蒙古的风土人情，以及他本人的种种活动。书中介绍了蒙元时代的撒里答、拔都和蒙哥等蒙古政要的情况，还详细描写了蒙古人衣食住行、女子、司法、丧葬等习俗，提及可萨突厥、阿兰、撒拉逊、库蛮、斡罗

---

① 耿昇、何高济译：《柏朗嘉宾蒙古行纪　鲁布鲁克东行纪》，第177页。
② ［英］克里斯托福·道森编，吕浦译：《出使蒙古记》，中国社会科学出版社1983年版，第17页。

思、吐蕃、契丹等民族的情况，其中很多内容都是首次向西方人披露。① 与以往的中国记述相比，《东行纪》有三个突出的优点：第一，他第一次解释清楚了长期以来被阿拉伯人和欧洲人混淆的中国地理名称和居民的对应关系。他从丝的产地推测出"契丹"和"赛里斯"是同一个国家，那里的居民被称作赛里斯人（Seres），蛮秦（Machin）指中国南部；第二，他介绍了中国文化中以往很少被注意到的领域。他提到中国的书写和文字，这是马可·波罗等中世纪旅行家未曾提及的信息。他观察到中国的医师很熟悉草药性能，能熟练地诊脉行医，但他们不用利尿剂，也不知道检查小便。而且，他还提到当时契丹的一种绵纸材质的钱币，那是忽必烈之前通行的纸币，至今未找到实物；第三，他澄清了西方社会关于东方宗教情况的误传。来华之前认为撒里答是基督徒的消息根本是讹传，蒙哥汗、贵由汗等人都不是基督徒，只是对待基督徒比较友善。虽然"蒙古人极力弱化各部落的自我认同，但在宗教信仰方面却表现得非常宽松"。自成吉思汗时代起，"统治者在宗教方面的政策基本上都是各随其好"②。

在 13 世纪欧洲人了解中国的历程中，《东行纪》是非常重要的文献。盛志评价说"鲁氏旅行记为中世纪行文之白眉，虽柏朗嘉宾亦逊一筹"③。

## （三）"世界奇书"——《马可·波罗游记》

1271 年，忽必烈定都大都（今北京），改国号为"大元"。同年 11 月，年仅 17 岁的马可·波罗随父亲尼科洛（Nicholo）和叔叔马费奥（Maffeo）一行从威尼斯出发前往中国，他们在地中海阿迦城登陆，沿

---

① 耿昇、何高济译：《柏朗嘉宾蒙古行纪　鲁布鲁克东行纪》，第 158 页。

② ［英］彼得·弗兰科潘著，邵旭东、孙芳译：《丝绸之路——一部全新的世界史》，浙江大学出版社 2016 年版，第 151 页。

③ 盛志：《欧人中国研究溯源》，载于李孝迁《近代中国与外汉学评论萃编》，上海古籍出版社 2014 年版，第 6 页。

古丝绸之路东行，途经两河流域、伊朗全境、穿越帕米尔高原，经过艰辛的旅程终于在 1275 年 5 月到达元上都，此后又到大都。① 他深得忽必烈赏识，在元朝游历了 17 年，一直以客卿身份活跃于元朝宫廷和上流社会。直到 1292 年，马可·波罗奉命护送阔阔真公主远嫁波斯伊儿汗国阿鲁浑汗（Arghun，1258—1291），随后从波斯返回欧洲，1295 年抵达威尼斯，1298 年参加威尼斯和热那亚之间的海战，战败被俘，在热那亚狱中口述其蒙古之旅的所见所闻，由其狱友比萨人鲁斯蒂谦（Rustichello）以普罗旺斯语写出《马可·波罗行纪》（*Description of the World*，1298–1299）。② 《行纪》记载了作者亲历东方所见所闻，还记录了一些道听途说甚至想象中的事物。因此，马可·波罗笔下的亚洲带有很大的夸张描写。比如，他对杭州的描写：

> 这里各种大小桥梁的数目达到一万两千座，那些架在大运河上，用来连接各大街道的桥梁的桥拱都建得很高且建筑精巧，竖着桅杆的船可以在桥拱下顺利通过。同时，车马可以在桥上畅通无阻，而且桥顶到街道的斜坡造得十分合适。③

书中还有一些夸张的描述，杭州这一段最为典型。尽管如此，人们还是对马可·波罗来过亚洲一事深信不疑，由其经久不衰的发行量可以看出。

《行纪》出版后很快被翻译成其他欧洲语言，广泛传播，为作家们提供了大量事实和想象参半的新资料，被称为"世界一大奇书"，这在当时印刷术还没有应用的欧洲十分难得。原书已佚，据统计，《行纪》

---

① 行程参见冯承钧译《马可·波罗行纪》，上海书店出版社 2005 年版，前言。

② 以上内容参见张星烺、朱杰勤校订《中西交通史料汇编》（六卷本），中华书局 2003 年版，第 293 页。

③ ［意］马可·波罗著，［韩］金东浩译：《东方见闻录》，四季出版社 2000 年版，第 75 页。

自诞生以来便有大量抄本流传，约计 150 个版本传世。[①] 15 世纪中后期，随着古登堡活字印刷术的诞生，最终出现了活字印刷本。最早的版本便是 1477 年纽伦堡出版的摇篮本（德文版），1481 年奥格斯堡德文再版。[②] 之后 1485—1490 年间，多明我会会士弗郎西斯科·皮皮诺（Francesco Pipino of Bologna）翻译拉丁文版《东方地区的风俗和趣闻》（*The Liber de consuetudinibus et condicionibus orientalium regionum*），由出版商杰拉德·德·李（Gerard de Leeu）在安特卫普出版。1496 年以威尼斯官方文字初版，[③] 到 1672 年威尼斯文译本增至 9 次再版。[④] 16 世纪出版了约计 16 个版本，1502 年葡萄牙文版出版，第二年卡斯蒂尔文出版，1532 年另一种拉丁文译本在巴塞尔出版。[⑤] 17 世纪，《行纪》新版本仍不断涌现，拉丁文译本再版 2 次，德文、荷兰文、西班牙文和英文各出版 1 次，足见该书受欢迎的程度，同时也说明当时欧洲人完全接受了书中内容。

《行纪》最初由两部分组成，个人历史和各地情况。之后，皮皮诺将其译成拉丁文，内容分成三卷。法国人颇节（Guillaume Pautheir，1801—1873）译成法文时将其分为四卷，此后学者皆仿此例。《行纪》以细腻的笔触描写了中国的人民和物产，使欧洲人了解到一个人口众多、物产丰富、交通发达、建筑技艺进步的中国。该书丰富了中世纪欧洲对东方中国的认识，对中西交通史影响很大。哥伦布曾在《行纪》

---

① ［英］约翰·拉纳著，姬庆红译：《马可·波罗与世界的发现》，上海三联书店 2015 年版。

② 摇篮本原称古版书，该词引自拉丁文 cuna，意即摇篮，故称摇篮本 incunabula，摇篮时期的印刷品之意。首见于 1639 年伯纳·冯·马林考洛特（Bernard Von Mallinckrodt）所著《印刷术之起源及发展》（*Deortu et progressu artis typographicae*）一书，之后各版本学家沿用，专指 1450—1501 年 1 月 1 日期间属于活字印刷术初创时期问世的活字印本书籍。

③ 参见 Shinobu Iwamura, *Manuscripts and printed editions of Marco Polo's travels*, Tokyo, 1949。

④ ［英］约翰·拉纳著，姬庆红译：《马可·波罗与世界的发现》，第 174 页。

⑤ 此拉丁文译本包含在约翰·许蒂希编著的《古人未曾知晓的新世界地域和岛屿》（Johann Hüttich, *Novus orbis regionum ac insularum veteribus incognitarum*）之中，这是一部游记汇编，被当时很多人视为续写航海行纪的范本。1537 年、1555 年、1585 年多次再版，之后又被译成德文和法文。

的空白处写满注释，正是在它的影响下，立志东游，而意外发现了美洲新大陆。① 英国著名作家威尔斯（H. Wells）说："欧洲的文学，尤其是15世纪欧洲的传奇，充满着马可·波罗故事里的名字，如契丹、汗八里之类。"② 这部东方游记为英国作家提供了充足的创作素材，后世数不清的学者志士从中汲取灵感。

### （四）马可·波罗之后的来华传教士

13世纪后期，欧洲大陆又起一波传教士东来高潮。1289年，意大利方济各会修士若望·孟高维诺（Giovanni de Montecorvino，1247—1328）受教皇尼古拉四世（Pope Nicolaus Ⅳ，1227—1292）派遣，前往元朝传播天主教。经过漫长而又艰难的旅行，1294年才到达元大都，受到忽必烈的召对，并被允许在京传教。由于传教成绩显著，1307年，罗马教皇克莱芒五世（Pope Clement Ⅴ，1264—1314）为其特设汗八里（Cambaluc，今北京）总主教一席，成为东方第一个天主教教区的创始人，归化了大批信徒，其中包括蒙古汗国汪古部（Onghut）亲王阔里吉思及其部族。③ 1328年，若望在北京逝世，享年81岁。此时，中国约有天主教徒1万人，主要集中于北京和泉州两地。孟高维诺是"基督教在中国的首任主教，也是方济各会士们在中国所获得的最大成功"④。他一生致力于传教，在华传教34年虽未有关于东方的行纪、游记刊布，却留下与教廷的往来书简，其中1305年正月八日和1306年2月的两封书简记录了当时中国境内两大派基督教的情况，可资了解蒙元时期的景

---

① 哥伦布出发探险美洲前读过《马可·波罗行纪》，并给后世留下一本写满批注的《行纪》，现存里斯本，但是该书对葡萄牙航海事业产生多大直接影响，很难考证。

② ［英］威尔斯著，吴文藻等译：《世界史纲》，人民出版社1982年版，第769页。

③ 阔里吉思王子是忽必烈的外孙，高唐王爱不花长子，蒙古汗国铁穆尔完泽笃皇帝（忽必烈之孙）的女婿，后由景教（基督教聂思脱利教）转而信奉天主教，由此以乔治亲王著称，1298年被俘于察合台汗王都而死。

④ ［法］荣振华等著，耿昇译：《16—20世纪入华天主教传教士列传》，广西师范大学出版社2010年版，第5页。

教和天主教在华传教情况。

1314 年，意大利方济各会会士鄂多立克开始东游布道，1321 年到达印度，由此经海路赴中国传教布道，1322—1328 年间旅居中国。登陆广州后，他由南向北穿越泉州、福州、杭州、南京、扬州多地，最后到达元大都，受到大汗召对并会见了孟德高维诺。在北京居留六年，奉命返回欧洲招募新一批来华传教士，1330 年取道陕甘、西藏，横断亚洲大陆，经波斯返回意大利阿维尼翁（Avignon）。1331 年，他在病榻前口述完东方旅行经历便辞世，享年仅 45 岁。据英国学者玉尔（Henry Yule）统计，目前藏于欧洲各国的《鄂多立克东游录》抄本计 76 个，尚未有一个经过权威校订的版本。该书对北京、泉州、杭州、长江、戈壁、西藏有着准确而细致的描述，弥补了《马可·波罗行纪》的不足。他第一次将杭州称为"远东的威尼斯"①，另有"于钱塘江上见渔人以鹈捕鱼，于杭州见缠足女子，富贵之家，蓄长指爪"等描写开始传入欧洲。② 唯其在中世纪中西交通史上的重要影响，鄂多立克与马可·波罗、伊本·拔都他（Ibn Khordadbeh，c.820—912 CE）、尼哥罗·康蒂（Niccolò de' Conti，1395—1469）并称为"中世纪四大游历家"。

1338 年，教皇本笃十二世派若望·马黎诺里（Jean de Marignolli，约 1290—1353 年）率使团出使元朝，1342 年抵达汗八里，居留三年后请辞回国，1354 年受德皇卡尔四世（Karl Ⅳ，1316—1378）敕令修改波西米亚编年史，将其出使东方的回忆收入书中，所著三卷本《波西米亚史》最后一卷即为元朝见闻，后人辑录题为《马黎诺里奉使东方录》，即《马黎诺里游记》。若望·马黎诺利与若望·柏朗嘉宾、若望·孟德高维诺并称"元代进入中国的方济各会士中的三'若望'，是元代方济各会士入华高潮中的三位典型代表人物，是沟通中西关系的探

---

① ［法］荣振华等著，耿昇译：《16—20 世纪入华天主教传教士列传》，第 5 页。

② 盛志：《欧人中国研究溯源》，载于李孝迁主编《近代中国与外汉学评论萃编》，第 6 页。

路人"①。

13—14 世纪，往返于东西方的使节、旅行家、传教士和商人留下了一批关于中国的游记、行纪，这些记录对欧洲人的东方认知具有重要的参考价值。通过对以上著述的爬梳、整理，可以捕捉到蒙元社会的信息和资料，丰富和拓展蒙古史研究，所以，这些行纪历来为中外关系史学者和蒙古史学者所重视。

## 二　新航路开辟之后的中国文献

葡萄牙在全球新航路开辟的过程中发挥了重要作用。早在 1415 年，葡萄牙人便穿越了直布罗陀海峡，到达北非，占领了伊斯兰国家的重要贸易城市休达。② 15 世纪欧洲航海业迅速发展，葡萄牙和西班牙为海外扩张而激烈角逐。葡萄牙人最早开辟了绕行非洲通往亚洲的新航线，1553 年，他们在澳门建立据点，努力向中国内地发展。西班牙人沿着反向线路找寻通往东方的航道，他们横渡大西洋、太平洋，开拓了一条西班牙—墨西哥—吕宋（菲律宾）—中国的新航线。③ 伊比利亚人开辟的新航线打破了欧洲与东方之间的商贸往来僵局，改变了奥斯曼帝国对地中海贸易通路拥有唯一控制权的垄断局面，世界贸易格局开始转变。葡萄牙人和西班牙人率先搜集各种与亚洲相关的地理和人文资料，关于中国的资讯逐渐丰富起来，欧洲人对中国的认识也随之进入一个新阶段。两国的外交家、商人及传教士相继沿着新航路来到东方，他们从亚洲写回本国的报告、记录以及书简，成为研究海外殖民史以及同时期亚洲各国历史的重要原始资料。

1539—1563 年间，葡萄牙编年史学家若望·德·巴洛斯（João de

---

① 耿昇：《方济各会士出使蒙元帝国，中法关系的肇始》，《西部蒙古论坛》2015 年第 1 期。

② ［韩］朱京哲著，刘畅、陈媛译：《深蓝帝国——海洋争霸的时代 1400—1900》，北京大学出版社 2015 年版，第 51 页。

③ 龚缨晏等：《西方人东来之后——地理大发现后的中西关系史专题研究》，浙江大学出版社 2006 年版，第 54 页。

Barros，1496—约 1570）在他的历史巨著《亚洲》（*Terceira Dècadas da Asia*）中第一次介绍了中国的长城，① 同时介绍了葡萄牙在亚洲的活动及其对中国的认识。同时期，葡萄牙多明我修士达·克路士（Gaspar da Cruz，c. 1520—1570）在《中国志》（*Tractado em que scecõtam muito por estēso as cousas da China*，1570）中介绍了长城，以及自己在中国南方旅行见闻，填补了《马可·波罗游记》中记录的缺失。② 葡萄牙旅行家平托（Fernão Mendes Pinto，ca. 1514—1583）在《远游记》（*Peregrinação*）中也极力赞美长城的雄伟，并称赞了壮观的北京城。③ 葡萄牙史学家费尔隆·罗柏斯·德·卡斯特涅达（Fernão Lopes de Castanheda）在《葡人发现和征服印度史》（*Historia do Descobrimento e Conquista da India pelos Postuguese*）提到印度的香料，也提到各种中国的精美物品。④

16 世纪初，葡萄牙人占领马六甲之后，开始派使与中国交往。1517 年，葡萄牙派往中国的第一位使臣多默·皮列士（Tomè Pires）到达广州。期间，葡萄牙人获取了许多关于中国的消息。1512—1515 年，皮列士来华之前依据在马六甲和印度搜集的资料撰写了《东方志》（*Suma Oriental*）一书，专辟一章记述中国，这是由葡萄牙人撰写的第一部较完整的描述东方国情的地理文献。⑤ 1575 年，西班牙圣奥古斯丁会修士马丁·德·拉达（Martín de Rada，1533—1592）《马丁·德·拉达札记》（*Las Cosasque los Padres Fr. Martin de Rada*）记述了自己到中国

---

① João de Barros, *Terceira Dècadas da Asia de Ioam de Barros: dos feytos que os Portugueses fizeram no descobrimento & conquista dos mares & terras do Oriente*, Em Lisboa: Por Ioam de Barreira, 1563.

② Gaspar de Cruz, *Tratado das Cousas da China e de Ormuz*, 1570. 参见何高济译《十六世纪中国南部行纪》，中华书局 1990 年版。

③ Fernão Mendes Pinto, *Peregrinação*, 1614. 参见费尔南·门德斯·平托著，金国平译《远游记》，葡萄牙大发现纪念澳门地区委员会、澳门基金会、澳门文化司署、东方葡萄牙学会 1999 年版，第Ⅷ页。

④ Fernão Lopes de Castanheda, *Historia do Descobrimento e Conquista da India pelos Postuguese*, 1551, 1552, 1553, 1559, 1561.

⑤ Tome Pires, *Suma Oriental*, 参见何高济中译本《东方志》，中国人民大学出版社 2005 年版。

的旅行，包括福建行程及返回马尼拉，同时也简述了中国的国情。1577年，伯纳迪诺·德·艾斯加兰蒂（Bernadino de Escalante，ca. 1537—after 1605）出版了《记葡萄牙人在东方诸国和省份的航行》（*Discriso de la Navegacion que los Portugueses Hacen a los reinos y provincias de Oriente*，塞维尔）。[①] 1579年，约翰·弗朗布吞（John Frampton）的英译本在伦敦发行，题为《中华帝国概述》。艾斯兰加蒂主要参考了达·克路士的《中国志》以及德·巴洛斯的《亚洲》书中关于中国的描写，如长城、饮茶、使用筷子、妇女缠足等，此外加上他在里斯本期间获取的海航故事。西班牙人门多萨在《中华大帝国史》开篇便说葡萄牙人对中国的报道不尽人意，而西班牙人才能清楚和真实的加以揭示。实际上，门多萨参考了克路士、巴洛斯等葡萄牙人的著述，同时也从马丁·德·达拉等人的游记中补充资料。

## （一）克路士与《中国志》

葡萄牙圣多明我会修士加斯帕·达·克路士是第一位进入中国大陆的葡萄牙传教士。他生于葡萄牙恩渥拉（Evora），在阿泽堂（Azeitão）修道院被纳入圣多明我会，1548年作为12名多明我教师团的一员，追随副主教迪奥戈·伯慕德斯（Friar Diogo Bermudes）乘船前往亚洲，先后在印度果阿、马六甲及柬埔寨传教，1556年冬到达广州，在广州居留数月后被驱逐出境，1569年返回葡萄牙。虽然克路士只在广州一带盘桓月余，但却对中国产生了浓厚的兴趣。他不仅搜集到欧洲人关于中国的各种著述，还请人将部分中国地方志或其他中文著作翻译成葡萄牙文。他依据这些资料以及自己在中国的亲身经历写就《中国志》。实际上，克路士在前言中坦诚："自己读了一份由一个在中国内地游历过的

---

① Bernadino de Escalante, *Discriso de la Navegacion que los Portugueses Hacen a los reinos y provincias de Oriente*, *y de las noticias que se tienen de las grandezas del reino de la China*, Sevilla, 1577.

被俘贵族所写的稿子"①，又在第八章指出此人是葡萄牙商人盖略特·伯来拉（Galeote Pereira），1548 年伯来拉曾随迪奥戈·佩雷拉自马六甲赴暹罗，再转至中国沿海贸易，伯来拉将自己在华多年的经历写成《中国报道》（*Algumas Cous as Sabidas da China*）。②《中国报道》虽未能在葡萄牙出版，但是，自 16 世纪诞生之后，稿抄本流传甚广，意大利文和英文版分别于 1565 和 1577 年出版，同时期的史学家都曾受其影响，在欧洲也产生一定影响。③

1569—1570 年在葡萄牙埃武拉（Evora）刊行的《中国志》被称为"第一部在欧洲出版的有关中国的专著"，之前的《马可·波罗行纪》主要记述"东方的国土和奇异事物"，而不是专记中国的奇闻异事。④费尔隆·罗柏斯·德·卡斯特涅达、若望·德·巴洛斯以及达米奥·德·戈额斯（Damião de Goes）在记述葡萄牙人在东方探险的通史中，只是一部分提及中国，而《中国志》全书十之八九都是专论中国，只有文末出版商增加的附录《霍尔木兹市建立及其国王的编年史》除外。这部著作在某种意义上，代表了葡萄牙中国观的根本改变，因为同一时期大部分葡文文献都表示出对中国的仰慕，与初期声称数百兵员便可征服半个中国的心态不同。

《中国志》简要总结了当时葡萄牙人获得的有关中华帝国的信息，介绍了在华传教活动和葡萄牙人来华贸易情况，同时对中国事物的伟大表现出惊奇和崇拜的心情。"中国人口众多，疆土辽阔，治安和管理都一流，物产丰富，不仅黄金、宝石等贵重物品很多，主要用来满足人们需要的农庄和物质也甚丰盛。"⑤此外，克路士对中国的生活和风俗做

---

① ［葡］克路士著，何高济译：《中国志》，中华书局 1990 年版，第 35 页。
② ［葡］盖略特·伯来拉著，何高济译：《中国报道》，中华书局 1990 年版，第 10 页。
③ 原文直到 1953 年才由博克塞（Charles R. Boxer）在《耶稣会历史档案》（第 22 期）首次全文发表。详见吴志良《16 世纪葡萄牙的中国观》，《中国史研究动态》1996 年第 9 期。
④ Rui Manu el Lou reiro, *Um Trat ado s obre o Reino da China*（《有关中国的一篇论文》），p. 23, Institut o Cultural de Macau, 1992.
⑤ ［葡］克路士著，何高济译：《中国志》，中华书局 1990 年版，第 36—37 页。

了很多考察，对历史地理也做出了生动的描写，补充了马可·波罗遗漏的诸如长城、茶饮的方法、妇女缠足、鸬鹚捕鱼，甚至还有中国文字的特色等内容。实际上，克路士在广州停留的几周时间比马可·波罗在中国生活的许多年更有借鉴价值。后来的学者不常引用《中国志》，原因之一便是不容易找到它。这部葡萄牙著作发行之年，正值欧洲大规模流行瘟疫，因而未能广泛流传。而且由于葡萄牙语文献在历史上一直未受到应有的重视，致使很长时间内，研究东方史的学者都认为在马可·波罗和门多萨、利玛窦等耶稣会士的著述之间，欧洲没有出版有价值的"中国著述"。实际上，以葡语写作的作家，其作品从来没有在葡萄牙以外的地区流行，因为他们很难与西班牙、意大利和法国的出版物竞争，导致许多早期葡萄牙人撰写的关于中国的行纪和游记被忽略。英国学者 C. R. 博尔舍追溯到十种有记录可循的抄本。大英博物馆（2 种），法国国立图书馆（1 种），里斯本国立图书馆（2 种），里斯本德·阿修达（de Ajuda）图书馆（1 种），维拉—维索萨（Vila – Viç osa）布拉根萨（Bragança）馆（1 种），里斯本科埃略（Coeçl – ho）图书室（1 种），上海费希尔（Fischer）藏书（1 种，1941 年），博克舍（C. R. Boxer）的克里斯蒂—米勒及莱切斯特·哈模斯渥特抄本（Christie – Miller & Leicester Hamsworth copy）。①

由于葡萄牙文文献传播渠道受限，《中国志》出版后并未在欧洲引起广泛关注，对其推广传播起着重要作用的是门多萨的《中华大帝国史》。门多萨在书中坦承他借鉴了"修士加斯帕·达·克路士，一个圣多明我会葡萄牙人，他到过广州城，在那儿写下有关该国的许多事物，而且很留意，为在撰述本书的过程中很多事情都引用他"②。只是，门多萨并未明确指出参考借用克路士的具体章节。另有修士哲罗尼姆·罗曼在其《世界各国志》（*Republicas del Mundo*，1595）书中描述中国和

---

① 〔葡〕克路士著，何高济译：《中国志》，中华书局 1990 年版，第 38 页。
② 〔葡〕门多萨著，孙家堃译：《中华大帝国史》，译林出版社 2011 年版，第 9 页。

中国人的时候也大量引用克路士的《中国志》。与门多萨不同的是，他会指明相关的篇章。可惜的是，罗曼的著作远不如《中华大帝国史》那么畅销，因此对《中国志》并未起到多少推介的作用。《中国志》的一个节译本曾收录于普察斯《朝圣者丛书》（*Purchas His Pilgrims*，伦敦1625 年版）第三部。

### （二）平托与《远游记》

费尔南·门德斯·平托是葡萄牙游历家、小说家，有着丰富的东方探险经历。他 1514 年左右生于旧蒙特莫尔（Montemor－o－Velho），1527—1558 年间游历东方，到过东南亚、印度、中国等地，期间做过非法商人、海盗、雇佣兵、奴隶，曾首任葡萄牙驻日大使。在中国海域做强盗时，沉船被俘，被判处苦力，后由于蒙古人入侵而获自由。在一系列冒险经历之后，他希望成为一个耶稣会会士，1553—1556 年间加入耶稣会。[①] 1558 年，他结束了历时 21 年的游历生活返回故乡，1583年卒于里斯本对面的阿尔玛达（Almada）的普拉加尔（Pragal），临终前将所有财产捐赠给耶稣会。[②]

晚年时，平托感到时日无多，开始凭记忆撰写自己早年东方探险的经历。《远游记》手稿约成于 1576 年，1603 年提交宗教裁判所审查，直至 1613 年 6 月 16 日才获印刷令，距离作者去世已有 30 多年，1614年葡萄牙文初版刊行，该书出版后深受欢迎，不久即被转译成多种语言，广泛流传。[③] 初版之后 1620 年西班牙文付梓，1625 年英文节译本刊行，1628 年法文版面世，1617 年荷兰文出版，1653 年英译本（*Pilgrimage*）在伦敦刊行，1671 年德文版刊行。据不完全统计，自

---

① 平托经历参见贝特丽丝·迪迪耶主编，孟华译《交互的镜像——中国与法兰西》，上海远东出版社 2015 年版，第 90 页。

② ［葡］费尔南·门德斯·平托著，金国平译：《远游记》，中译者序言，第 I 页。

③ 范存忠：《中国文化在启蒙时期的英国》，上海外语教育出版社 1991 年版，第 14 页。

《远游记》问世以来，各语种译本的全本、节译本共计 170 多种，在欧洲产生了广泛影响。

平托文笔流畅、行文优美，全书共设 226 个章节，第八十至一三一章为穿越中国，其中对中国文明有较为详细的介绍。是书为平托的自传体历险小说，被列为海外发现类文学游记作品，虽非史书，却从文学作品的角度为学者提供了同时期编年史记录之外的一些珍贵史料，例如双屿港被毁、葡萄牙人被逐出福建的起因以及澳门的起源等。① 本书不仅在葡萄牙文学史上占有重要位置，也为近代早期欧洲人了解中国提供了很好的资料来源，同时对于研究明朝中外交通史、葡人入华史等历史也有其史料价值。

### （三）门多萨与《中华大帝国史》

胡安·冈萨雷斯·德·门多萨（Juan González de Mendoza，1545—1618），西班牙奥斯丁会修道士、历史学家、文学家、语言家、汉学家，1545 年出生在西班牙的多莱西亚·德加麦罗斯（Torrecilla de Cameros），自幼受过良好的教育，17 岁远渡重洋来到墨西哥，1564 年在新西班牙首都的修道院加入奥古斯丁修会。在修院中，他热心传教的同时，也潜心学习神学、语法及艺术，积累了在异域开拓事业的经验和能力。门多萨在墨西哥期间，正逢西班牙征服菲律宾之际，彼时，墨西哥成为西班牙向菲律宾和东方国家派遣传教士和官员的中转站，也是外派人员返回西班牙的必经之地，自然而然成为有关菲律宾和东方国家各类信息和传闻的集散地。

1573 年，菲律宾奥古斯丁省教区的大主教迭戈·德·埃雷拉（Diego de Herrera，1538—1596）受菲律宾总督之托返回西班牙，意图争取西班牙国王腓力二世（Philp Ⅱ，1556—1598 年在位）对东方传教活动

---

① ［葡］费尔南·门德斯·平托著，金国平译：《远游记》，序言，第 3 页。

给予更大的支持，途径墨西哥时，结识门多萨，欣赏他的才华与学识，于是邀请门多萨一同前往西班牙。1574 年 9 月 14 日，埃雷拉一行觐见腓力二世，说服国王同意向中国派遣使团。1581 年，门多萨奉命率领西班牙使团携带腓力二世致中国皇帝的御函和赠礼离开马德里。6 月 6 日，使团到达墨西哥，然而，北京之行却因故未能成行。① 1582 年，门多萨不得不从墨西哥返回西班牙，腓力二世和当时西印度院主席安东尼奥·德·帕迪利亚·梅内塞斯（Antonio de Padilla y Meneses）鼓励他撰写一部关于中国国情的著作。

1583 年门多萨应召出使罗马教廷，觐见教皇格列高利十三世（Pope Gregory XIII，1502－1585）之时，讲述了奉命出使中国之事，当时天主教意欲在东方拓展势力，亟需一部详尽介绍中国社会的资料汇编来制定对华政策，于是教皇也敦促他写一部介绍中国的著作。是故，《中华大帝国史》首版刊行于罗马。② 之后，1586 年，门多萨又一次受命前往拉丁美洲卡塔赫纳（Cartagena）传教。1589 年，再度奉召返回西班牙，被遴选为卡斯蒂利亚省教区奥古斯丁教士大会会长。1593 年，再次前往意大利，被任命为西西里岛利巴利的主教。1596 年，回到西班牙，在塞尔维亚和托莱多等地负责传教事宜。1607 年，他再次前往美洲，被任命为恰巴斯省的主教，不久又被派去波巴延教区，直至1618 年逝世。③

门多萨收集和整理了前人有关中国的使华报告、信札、著述等资料，充分阅读并广泛接触同时代的中国资料，走访到过中国的西班牙人，历时两年终写成《中华大帝国史》，较同时代的其他"中国著述"，

---

① 门多萨在其《中华大帝国史》里并未说明出使中国失败的具体原因和经过。后人猜测是因为在对待如何使中国基督教化的方法上各方存在分歧，致使门多萨一行在墨西哥并未受到当地政府和宗教界的欢迎，而从菲律宾返回墨西哥的官员也不支持王室向中国派出使团这一行动。详见门多萨著，孙家堃译《中华大帝国史》，第 2 页。

② 参见 ［葡］门多萨著，孙家堃译《中华大帝国史》，第 7—8 页。

③ 恰巴斯和波巴延为新西班牙的两个省，详见 ［葡］门多萨著，孙家堃译《中华大帝国史》，第 13 页。

内容更加丰富、充实、全面。特别是一些中国典籍的译文参考，使得他的著作更加翔实可靠，在很大程度上弥补了门多萨本人没有造访过中国的缺憾。门多萨对中国的认识有赖于葡萄牙传教士若望·德·巴洛斯的《亚洲》（*Terceira decada da Asia*）、葡萄牙多明我会士加斯帕·达·克路士（Gaspar da Cruz，约1520—1570）的《中国志》（*Tractado emque se cōtam muito pol estéco as cous da China*）、①西班牙圣奥斯定会菲律宾省省长（Order of Saint Augustine）修士马丁·德·拉达的《马丁·德·拉达札记》等著作，②此外还得助于西班牙修道士赫罗尼莫·马林与米格尔·洛尔加的在华见闻《信史》（*Verdadera Relacion*），西班牙方济各会会士彼得罗·德·阿尔法罗（Pedro de Alfaro）以及方济各会会士马丁·伊格纳亚奥·罗耀拉（Martín Ignacio de Loyola，1550–1606）等人关于中国的札记。③为了表明这些参考资料对他写作的重要意义，门多萨将该著作命名为《据中国史书记载以及走访中国的教士和其他人士记述编撰的中华大帝国奇闻要事、礼仪和习俗史》（*Historia de las Cosas más Notables，Ritos y Costumbres del Gran Reyno de la China，Sabidas asi por los Libros de los Mismos Chinas，como por Relaction de Religiosos，yotras Personas，quean estado en el Dicho Eeyno*），中文译名为《中华大帝国史》。④

尽管门多萨未曾亲历中国，却并不影响他撰写出一部影响广泛而深远的中国著述。全书分两部六卷27章，书中资料都是各种中国情报的再次加工，以其真实而详尽的介绍和描述获得广泛认可。其中第一部分第3卷第16章，以"这个国家的印刷术远早于欧洲"为题，推测了印刷术西传的路线。关于中国发明印刷术这一结论对后世影响很大。16

---

① 克路士曾于1556年12月至1557年1月在广州逗留。

② 除之前提到的《拉达札记》，还包括《记大明的中国事情》（*Relación de las cosas de China que propriamente se Ilama Taybin*）。

③ 拉达曾于1575年6月至9月奉马尼拉总督委派，率领一批传教士抵达福建。

④ 参见［葡］门多萨著，孙家堃译《中华大帝国史》，第3—4页。

世纪法国史学家路易·勒·罗杰（Louis le Roy，1510—1577）、著名诗人和翻译家圣索维诺（F. Sansovino，1521—1586）及散文家和思想家蒙田（M. de Montaigne，1533—1592）都承认中国在古腾堡之前发明了印刷术。① 蒙田在《散文集》中称："我们惊呼为奇迹的火炮和印刷术，世界另一端的中国早在一千年之前就享用了。"② 钱钟书先生根据门多萨之前欧洲很少有著作提及中国印刷术这一事实，认为英国哲学家培根（Francis Bacon，1561—1626）、范·林斯霍滕（Jan Huyghen van Lin-schoten，1563—1611）在《通向东印度之旅》（*John Huighen van Lin-schoten，his discours of voyages into ye Easte and West Indies*，1598）和拉雷爵士（Sir Walter Raleigh，1554—1618）的《世界史》（*History of the World*，1614）书中所使用的的材料均取自《中华大帝国史》。③

1585 年，《中华大帝国史》西班牙文初版在罗马刊行。一年后，弗朗切斯科·阿万佐（Francesco Avanzo）意大利文译注修订本在威尼斯出版（书影参见附录图 2），随后拉丁文和德文版刊印，1588 年英文版和法文版发行。1585 年初版至 16 世纪末，该书先后被译成意大利文、德文、拉丁文、英文、法文、葡萄牙文、以及荷兰文等多种文字，共发行 46 版，是 16 世纪有关中国自然环境、历史、文化风俗、礼仪、宗教信仰以及政治、经济等概况最全面、最详尽的著述，也是《利玛窦中国札记》（*De Christiana expeditione apud Sinas*，1615）发表以前，欧洲最具影响的一部专论中国的百科全书。《欧洲与中国》著者赫德森（G. F. Hudson，1903—1974）评价："门多萨的著作触及古老中国的生活本质，它的发表可以看做是一个分界线，从此为欧洲知识界提供了有关中国及其制度的丰富知识。"④ 美国学者拉克认为："门多萨著作的权

---

① 韩琦：《中国科学技术的西传及其影响（1582—1793）》，第 6 页。

② 张秀民、韩琦：《中国活字印刷史》，中国书籍出版社 1998 年版，第 155 页。

③ 参见韩琦《中国科学技术的西传及其影响（1582—1793）》，第 7 页。转引自 Qian zhong-shu，*China in the English Literature of the Seventeenth Century*，pp. 360 – 362。

④ ［英］赫德逊著，王尊仲译：《欧洲与中国》，中华书局 1995 年版，第 148 页。

威性如此之高，它可以作为 18 世纪以前所有有关中国著作可供比较的起点和基础。"①《中华大帝国史》之所以在欧洲引起轰动，归根结底是该书回答了欧洲迫切需要了解的中国讯息，也就是迎合了时代需求。

门多萨在西班牙国王腓力二世和教皇格列高利的督促下完成了《中华大帝国史》的写作，英译本是在终生致力于建立英国海上帝国的哈克卢特的积极鼓励下得以完成，而荷兰文译本是在负责海外扩张事物的柯奈利斯·科拉埃兹（Cornelis Claesz，1551—1609）直接授意下翻译和出版。② 由此可见，《中华大帝国史》的撰写、出版与翻译成欧洲各国文字都有其深刻的时代和政治背景。门多萨基本上将一个客观、真实的中国介绍给欧洲，得出中华大帝国处于和欧洲势均力敌的发展阶段，甚至在物质财富某些方面尚优于欧洲大陆的结论。当时的欧洲各国也是据此来制定相应的对华政策。欧洲面对的是一个历史悠久、经济发达、政体完善、国防强大的中国，因此欧洲国家只能将其视为贸易伙伴，而非侵略的对象，从某种程度上来说，该书在欧洲大陆的传播"实际上对西方殖民者入侵中国的企图起到了一定的遏制作用"③。

蒙古人西征之后，东来探险的欧洲人亲历元明时期而写成的东方行纪在欧洲产生了重要影响。我们可以通过各种行纪来了解中世纪欧洲人世界观。首先，这些行纪成为欧洲人认识东方、了解东方的必需参考资料，奠定了西方人的东方视域，在 13—17 世纪中叶的很长时间里，影响着西方人视野中的东方印象。其次，这些行纪刺激了西方人对东方的想象，成为大航海时代西方探险家进一步发现东方和整个世界的原动力。

---

① ［法］裴化行著，萧濬华译：《天主教十六世纪在华传教志》，商务印书馆 1964 年版，第 148 页。

② 参见门多萨著，孙家堃译《中华大帝国史》，第 8 页。

③ 参见门多萨著，孙家堃译《中华大帝国史》，第 6 页。

# 第二节　东来传教士的中国报道

16—17 世纪，西方各国为开辟和巩固海外市场而展开激烈争夺，触角也延伸到亚洲。他们千方百计想打开中国的大门，传教布道成为首选的思想文化渗透策略。西欧国家和基督教教团派遣大批传教士出使中国，掀起了基督教传入中国的第三次高潮。这一时期的传教士以耶稣会会士为主，从 1552 年西班牙耶稣会会士沙勿略（St. François Xavier，1506—1552）到达广东上川岛伊始，至 1773 年教皇克莱芒十四世（Clément XIV，1705—1774）颁布谕旨解散耶稣会会士为止，共有 975 位传教士入华。[①] 据法国学者让—彼埃·迪岱（Jean‑Pierre Duteuil，1944—）统计，[②] 在"早期耶稣会中国传教区"中，[③] 讲葡萄牙语的神父和修士 372 人，讲西班牙语的传教士 28 人，讲意大利语的传教士 107 人，讲法语的耶稣会会士 168 人，讲日耳曼语的耶稣会会士 50 人，讲佛拉芒语和荷兰语的传教士 18 人，讲斯拉夫语的传教士 12 人，讲英语的耶稣会会士 3 人。[④]

## 一　16—17 世纪来华传教士概说

这一时期入华传教士"充当了中西文化交流的使者角色"[⑤]，他们

---

① ［法］荣振华等著，耿昇译：《16—20 世纪入华天主教传教士列传》，第 6 页。

② ［法］迪岱：《上天之命——论耶稣会士在华的作用》（*Le Mandat du Ciel，Le rôle des Jésuites en Chine*），Paris，Éd. Arguments，1994.

③ 耶稣会是天主教的主要修会之一，1534 年由伊纳爵·罗耀拉（Ignacio de Loyola，1491—1556）于巴黎创建，1540 年获教皇保罗三世（Paul III，1534—1549 年在位）批准，1773 年被教皇克莱芒十四世解散。这段时期的耶稣会在华传教区被称为"早期耶稣会传教区"。1814 年，教皇庇护七世（Piu VII，1800—1823 年在位）又宣布恢复耶稣会，耶稣会会士们再次入华，主要分布于上海（江南传教区）、河北间府和天津（直隶传教区或北京传教区）。详见 ［法］荣振华等著，耿昇译《16—20 世纪入华天主教传教士列传》，第 6 页。

④ ［法］荣振华等著，耿昇译：《16—20 世纪入华天主教传教士列传》，第 6 页。

⑤ 龚缨晏等：《西方人东来之后——地理大发现后的中西关系史专题研究》，第 61 页。

大部分为欧洲贵族或有产市民，受过良好的教育，大多具有一定的宗教地位，或者学有所长。特定的知识与文化背景，使得他们得以洞察中国的国情，基督教文化在中国不可能像在其他国家那样彻底消灭本土文化取而代之。由此，入华耶稣会会士不得不暂时淡化传教归化活动，着力于中西文化交流。他们一方面潜心学习中国文化，赢得中国上流社会的好感，进而寻求扎根、推广，另一方面宣扬西方文化的先进性，将欧洲近代科技、哲学、文化、艺术、宗教等逐步引入中国。虽说 16—17 世纪出版的"中国著述"并非全部出自耶稣会士，但在期间来华的传教士一直致力于中国知识的传播，不遗余力的向欧洲反馈中国资讯和社会生活方便的信息，相关著作不胜枚举。

**（一）汉语学习**

传教士来华肩负着布道传教的使命，对于中国下层民众，传教可以口头方式进行，因此需要熟悉各地方言。对于官府官员和文人仕士，以著书立说方式进行的传教更容易被接受。16 世纪 80 年代，早期来华传教士诸如意大利耶稣会士范礼安（Alexandre Valignan，1538—1606）、罗明坚（Michel Ruggieri，1543—1607）、利玛窦等人最早开展汉语学习和研究。他们先在澳门进行汉语启蒙学习，掌握基础知识后进入中国内地继续学习，期间开始编写针对西方人的汉语学习教程和词典，展开初步的汉语研究。

罗明坚与利玛窦合编的《葡汉辞典》（*Dicionario Portugues – Chinese*）、① 利玛窦《明末罗马字注音文章》（曾名为《西字奇迹》）、② 金

---

① 大约 1586 年 6 月，罗明坚与利玛窦合编了这部字典，拼音方案是由利玛窦创造的汉字拉丁字母方案，既没有表示出气声的符号，也没有表示声调的符号。现在看来相当粗糙，但在当时，已经是很了不起的成就。

② 1605 年利玛窦采用拉丁字母拼写的文献资料，实际上是四幅宗教画以及四篇配有拉丁字母注音的汉字短文。

尼阁的《西儒耳目资》（*A Help to Western Scholars*）、① 卫匡国的《中国文法》（*Martino Martini's Grammatica Sinica*）、② 法国索隐派代表、耶稣会会士马若瑟的《汉语札记》（Notitia Linguae Sinicae，1728）和《论象形文字字典》（*Essay de Dictionnaire Jeroglyphique*，1712—1714）、③ 西班牙多名我修士万济国（Franciscus Varo，1627—1687）的《华语官话语法》（*Arte de la Lengua Mandarina*）、④ 这些文献资料日后都成为欧洲早期汉学的重要作品。徐宗泽曾在《明清间耶稣会士译著提要》，综合《北堂图书馆目录》、《中国国家图书馆外文善本书目》、《上海图书馆西文珍本书目》、伯希和的《梵蒂冈所藏汉文书目》及《补编》、高迪埃的《中国书目》和袁同礼的《高迪埃中国书目续编》的记载，16—17世纪西方传教士编写的汉语学习教材、语法书、词汇手册、字典及手稿，共计 20 余种，占当时耶稣会士与中国相关的译著总数的 5%（总计出版 402 种）。⑤

### （二）经典互译

利玛窦及其后任针对中国国情，采取了"合儒"的适应政策，以迎合中国士大夫，除学习汉语，采用儒服之外，传教士们还熟读中国经典，研习中国文化，以调和古代经书和天主教义，最终达到传教布道的目的。由此，早期来华传教士既要掌握汉语口语，熟知中国典籍，不仅要学会运用中文文献将西文教义著述翻译成中文便于传教，同时，为

---

① 1626 年刊印于杭州，1627 年再版，1933 年北平国立图书馆影印，本书是金尼阁在利玛窦汉字拉丁字母拼音方案的基础上，参考《洪武正韵》编撰而成的一部分析汉语语音的韵书。

② 《中国文法》为卫匡国 1652 年受耶稣会中国传教会委托，作为"礼仪之争"公诉人返回罗马途中用拉丁文撰写的汉语语法书，没有正式出版，但是抄本流传很广，在很长一段时间内是欧洲学者了解汉语语法的唯一参考书。近年，意大利汉学家白佐良（Giuliano Bertuccioli，1923—2001）整理卫匡国遗稿时，重新发现此书，终于使它得以公之于众。

③ 李真：《马若瑟〈汉语札记〉研究》，商务印书馆 2014 年版，第 14 页。

④ 该书 1682 年在福建完成，1703 年在广州正式出版，是世界上第一部正式刊行的汉语语法书，也是西方汉语研究史上一部重要著作。

⑤ 徐宗泽：《明清间耶稣会士译著提要》，上海书店出版社 2010 年版，绪言，第 5 页。

了满足欧洲社会对中国知识的需求，还需要将中文经典典籍翻译成西文传递回欧洲大陆。他们翻译了诸多儒家经典、中医中药、政治制度、民生民俗、历史文化等文献资料，为中西方文化双向交流做出了贡献。

利玛窦的《天学实义》二卷 1595 年于南昌初版，1601 年、1604 年北京两次再版，1605 年杭州刻本，后被李之藻收入《天学初函》。① 葡萄牙传教士阳玛诺（P. Emmanuel Diaz，1574—1659）的《圣经直解》十四卷（1636 年北京刊印，1642 年再版为八卷，1790 年北京三版缩为八卷），《天主教圣教十诫指诠》二卷（1642 年北京初版，1659 年再版，1738 年三版，1798 年四版）。② 艾儒略（P. Julius Aleni，1582—1649）的《天主降生言行纪略》八卷（1642 年北京刊印，1738 年再版，1796 年三版）、《圣体四字经文》一卷（1642 年北京初版，1650年、1798 年北京再版）。③ 罗明坚翻译的《天主圣教实录》于 1584 年刊刻于广州。意大利司铎殷铎泽（Prospero Intorcetta，1625—1696）等翻译的《中庸》、比利时耶稣会会士柏应理（Philippe Couplet）编译的《中国哲学家孔子》（*Confucius Sinarum Philosophus*，1681），④ 法国耶稣会会士冯秉正（Joseph‑Anne‑Marie de Moyriac de Mailla，1669—1748）翻译的《中国通史》，⑤ 法国耶稣会会士白晋（Joachim Bouvet，1656—1730）及殷弘绪（Père Franciscus Xaverius d'Entrecolles，1662—1741）翻译的《养蚕术》、卫方济的《中国哲学》（1711 年）、法国耶稣会会士傅圣泽（Jean Francois Foucquet）的《中国历史年表》（*Tabula Chronologica Historiae Sinicae*，1729）、马若瑟的《易经理解》（*Notices Critiques pour Entrer dans l'Intelligence de l'Y King*，1731）和《赵氏孤

---

① 徐宗泽：《明清间耶稣会士译著提要》，第 269 页。
② 徐宗泽：《明清间耶稣会士译著提要》，第 274 页。
③ 徐宗泽：《明清间耶稣会士译著提要》，第 276 页。
④ 又名《西文四书直解》。
⑤ 冯秉正精通汉文、满文，专治中国史，参考满文与汉文版《通鉴纲目》译成法文而成。

儿》等。

## (三)科学交流

16 世纪末,法王路易十四派遣优秀学者相继东来。1666 年,法国名相考尔伯特(Colbert)设立科学院(Academie des Sciences)奖励学术,分遣会员奔赴各地。法国耶稣会会士在中国的科学交流活动可分为三个重要时期。第一时期是 1688 年,洪若翰(P. Joames de Fontaney,1643—1710)、李明、刘应(Claudius de Visdelou)、白晋、张诚(P. Joan Franciscus Gerbillon, 1654—1707)等五位耶稣会士以"国王数学家"的身份来华,在宫中教授天文学、数学等。第二时期为 1700 年前后,巴多明(Dominique Parrenin)、雷孝思(P. Joan Bapt Régis,1663 – 1738)、殷弘绪、杜德美(P. Jartoux, 1668—1720)等十余名耶稣会士随白晋来华,他们大部分人在清政府任职。之后,直到 18 世纪中叶为第三时期,以宋君荣(P. Antonius Goubil, 1689—1759)、汤执中(P. N. Le C. d'Incarville, 1706—1757)、蒋友仁(M. Benoist, 1715—1774)、钱德明(Jean – Joseph – Marie Amiot, 1718—1793)、韩国英(Pierre – Martial Cibot, 1727—1780)等人为代表。[①]

实际上,在法国耶稣会会士来华之前,已有一批欧洲大陆精通科学的传教士,利用自己掌握的科学技术和天文历法知识,在清王朝确立了自己的地位。1612 年,意大利传教士熊三拔(P. Sabbathinus de Ursis,1575—1620)译著《泰西水法》于北京刊行。1645 年,汤若望(P. J. Adam Schall von Bell, 1611—1666)完成《西洋测日历》初稿,1630 年完成《远镜说》,后与徐光启、罗雅谷(P. Jacobus Rho, 1593—1638)合著《西洋历法新书》凡三十六卷。1656 年,波兰耶稣会士、植物学家卜弥格(Michel Boym, 1612—1659)的《中国植物志》

---

① 法国耶稣会会士来华科学考察三个时期的内容,参见韩琦《中国科学技术的西传及其影响(1582—1793)》,第 12 页。

（*Florasinensis*）介绍中国珍贵植物，附载大秦景教流行中国碑。1674年，比利时耶稣会会士、天文学家、科学家南怀仁（Ferdinand Verbiest，1623—1688）的《新制灵台仪象志》详细记录了各种仪器的制造原理、安装和使用方法。1717年，雷孝思主持实地勘测之下完成的《皇舆全览图》（1708—1716）。法国耶稣会会士地理学家、历史学家君荣依据《诗经》《书经》中的天文历算译成《中国天文历史略》，以中国史料为据写成《成吉思汗与蒙古史》《唐代史》等。①

## 二 金尼阁与《利玛窦中国札记》

金尼阁（Nicolas Trigault，1577—1628），字四表，耶稣会会士，语言学家、汉学家。1577年生于西班牙弗兰德斯杜埃城（现属法国），1594年加入耶稣会，是第一位来华的法籍耶稣会会士，1607年被派往远东传教，1610年抵达澳门，1611年到达南京，真正开始了在中国的传教生涯。1612年，他受龙华民派遣，以中国传教使团代理人的身份返回罗马觐见教宗保禄五世，汇报中国教会情况。此行的任务除汇报并解决中国礼仪问题之外，还有一项便是在欧洲募集图书、仪器，以便在北京等地建立教会图书馆。② 金尼阁启程前，龙华民将利玛窦回忆录手稿交付与他，托他转呈耶稣会总会长。③ 在回欧洲的漫长旅程中，将利玛窦用意大利文写作的回忆录手稿翻译成拉丁文《基督教远征中国史》（*De Christiana expeditione apud Sinas*），希望争取欧洲社会对东方传教的

---

① 内容参见徐宗泽《明清间耶稣会士译著提要》，第285—300页。

② 金尼阁此行获得教皇保禄五世向中国耶稣会捐赠的五百余册图书，还有与同伴邓玉函等人漫游意大利、法国、德国、西班牙、葡萄牙等过收集而来的精装图书，约计7000余部，涵盖欧洲古典名著和文艺复兴以后的神学、哲学、科技、文学艺术等方面的最新成就。1618年4月，金尼阁率领20余名新招募的传教士携七千部欧洲典籍离开里斯本，次年7月抵达澳门，史称"西书七千部入华"。

③ 参见利玛窦著，文铮、梅欧金译《耶稣会与天主教进入中国史》，商务印书馆2014年版，译者前言，第Ⅱ页。

支持。①

　　书中介绍了中国的地理疆域、物产风俗，也描述了中国的政治制度、文人学士、百工技艺、数学天文等。关于中国政府机构、科举选仕、礼仪程式、婚丧嫁娶甚至一些迷信行为都有所涉猎。金尼阁不仅仅翻译了利玛窦的意大利语游记，还删改了很多内容，重新构思了结构，补充了一些来自其他中国传教士的材料，呈现出一个更加完整的中国与耶稣会会士传教活动的故事。他为手稿补充了最后两章，内容是讲利玛窦的逝世和通过万历皇帝（1573—1620 年在位）的圣旨取得一块墓地和一座寺庙的事。此外，金尼阁还对原文进行补充和润色，在一些章节加入了一些简短的段落，比如说第 4 卷第 5 章开头的几句。书中，利玛窦也评述了中国科学，成为"17 世纪欧洲人讨论中国科学的取材内容"②。

　　该书于 1615 年在德国奥格斯堡（Augsburg）出版，改名为《利玛窦中国札记》，③ 全书共刊印之后一版再版，拉丁文版于 1616 年、1617 年、1623 年和 1684 年先后再版，法文版于 1616 年、1617 年和 1618 年在里昂出版，并于 1978 年重印，1617 年德文版出版，1621 年在塞维利亚和利马出版了西班牙文版，1622 年在那不勒斯出版了意大利文版，1625 年在珀切斯的《游记》（His Pilgrims，London，1625）一书中出现了该书的英文译本，先后十年间出现了 6 种语言的多个版本。从读者数量上来看，这本书很可能是 17 世纪上半叶关于中国著述的最有影响力

---

　　① 拉丁文版题名很长：《耶稣会进行基督教在中国的远征/自同会利玛窦神父的五卷本回忆录/致教宗保禄五世/中国的风俗、礼法、制度和新开端/最准确、最忠实地描述传教事业极为艰难的初始阶段》（De Christiana expeditione apud Sinas suscepta ab Societate Jesu，Ex P. Matthaei Ricij eiusdem Societatis Commentariis. Libri V. Ad S. D. N. Paulum V. In quibus Sinensis Regni mores，leges，atque instituta & nova illius. Ecclesiae difficillima primordia accurate & summa fide describuntur），Augsburg，1615。
　　② 韩琦：《中国科学技术的西传及其影响（1582—1793）》，第 7 页。
　　③ 利玛窦、金尼阁著：《利玛窦中国札记》（Matteo Ricci，Nicolas Trigault，De Christiana expeditione apud Sinas suscepta ab Societate Jesu. Ex M. Ricij...），奥格斯堡奥古斯塔·温德里克书局 1615 年版（Augustæ Vind：Apud Christoph. Mangium，1615）。

的著作。① 全书细致地记述了西方传教士为了进入中国所做出的艰难努力和获得的成功，是将利玛窦的适应政策介绍给广大欧洲读者的第一部作品，为明代社会生活和中西方早期文化交流提供了珍贵史料，对于基督教在华传教史和中西文化交流史研究都有着非常重要的作用。只要提到中国，学者们几乎无一例外地都引用这部作品，后来的作家和出版商也经常抄袭或者盗版该书。②

## 三　曾德昭与《大中国志》

曾德昭，初名谢务禄，字继元。1585 年生于葡萄牙波塔莱格雷教区的"特朗斯塔加努斯"，1602 年于埃武拉进入初修院，1608 年乘纳·斯拉号船出发前往日本，1613 年到达南京，1616 年南京教难入狱，1620 年改谢务禄为曾德昭，得以再入内地传教。先后到达杭州、江西、江南、陕西等地。1637 年，他旅居中国 25 年后自澳门返欧洲，赴罗马出席耶稣会各国遣派代表会议，旅途中以开始撰写《中国及其邻国的传教报告》。1644 年再返中国，任耶稣会会长多年。1649 年前往广州主持教务，1658 年逝于广州。③

1637 年，曾德昭完成《中国及其邻国的传教报告》葡萄牙文书稿，后由苏查（Manuel de Faria y Souza）译成西班牙文，④ 于 1642 年以《中国帝国和耶稣会士的传教工作》在马德里初版，⑤ 次年被译成意大利文出版，1644 年英文版（*The History of that and Renowned Monarchy of China*）在伦敦刊行，1645 年被译成法文出版，1670 年被译成荷兰文出版，

---

① ［美］孟德卫著，陈怡译：《奇异的国度：耶稣会适应政策及汉学的起源》，大象出版社2010 年版，第 32 页。

② ［美］唐纳德·F. 拉赫、埃德温·范·克雷著，周宁等译：《欧洲形成中的亚洲》，第512 页。

③ 徐宗泽：《明清间耶稣会士译著提要》，第 278 页。

④ 龚缨晏等：《西方人东来之后——地理大发现后的中西关系史专题研究》，第 67 页。

⑤ 中文译名《大中国志》，文中提及此书一律使用此题名。

在欧洲产生了广泛影响。

曾德昭在中国前后生活了 20 余年，书中内容大部分是他亲历亲闻或采自中国的典籍文献，通篇表达了对中国由衷的称颂。全书分两部分。第一部分详细介绍了中国的情况，涉及国名由来、地理、疆域、物产、土地、政府、工艺、科技等方面。第二部分回顾了 1638 年基督教传入中国的历史，其中描写了基督教传入中国的起始、南京教案以及李之藻传记等。第六章专论中国的语言文字。

## 四 卫匡国与《中国新图志》

卫匡国（Martino Martini，1614 – 1661），原名马尔蒂诺·马尔蒂尼，字济泰，1614 年生于意大利北部城市特伦托（Trente），欧洲早期著名汉学家、地理学家、历史学家和神学家。1640 年，卫匡国偕同 21 名耶稣会会士渡海东航，1643 年来到中国，主要在浙江杭州、绍兴、金华、宁波等地活动，又游历了江苏、北京、山西、福建、广东、江西等省份，熟知中国山川地理、历史掌故。游历期间，他还广交名仕、达官显贵，努力学习汉语，阅读中国典籍舆志，对中国历史文化也极富造诣。这些经历为他日后的汉学研究奠定了扎实的基础。1650 年，在"中国礼仪之争"中，卫匡国被委任为中国耶稣会传教团的代表，派往罗马教廷为中国礼仪作辩护。[①] 他搭乘一艘荷兰船只返回欧洲，由于海上风暴不得不在挪威登陆，途经德国进入阿姆斯特丹，在这里出版了《中国新图志》（*Novus Altas Sinensis*）。1654 年底，他到达罗马觐见教宗亚历山大七世（Alexander Ⅶ，1655—1667 年在位），参加了关于中国

①　"中国礼仪之争"（Chinese rites controversy）是发生在清康熙时期的重大事件。狭义上说是指 1643 年天主教多名我会会士黎玉范（J. de Moralez）首次向罗马教廷指责耶稣会士宽容中国教徒祭祖尊孔的行为有违教义，1645 年教皇英诺森十世（Innocent X）首次发布教通谕禁止中国教徒参加此类传统活动，由此引发的"中国礼仪之争"。广义上讲，它并非一个简单的"中西文化冲突"事件，实质上是处于全球扩张时期的欧洲宗教势力及政治力量，出于深层的政治经济动机而与中国本土力量发生的一次直接较量，成为明清之际中国和西方关系中最重大的历史事件。

的礼仪之争讨论，和多明我派展开了激烈辩论，最后大获全胜，罗马教廷事后颁布敕令，允许中国教徒进行敬天祭祖尊孔等无碍于天主教传播的礼仪。西方传教士在中国传教的障碍得以清除，天主教在中国开始了本土化进程。1657 年，卫匡国再次来华，曾觐见顺治皇帝，后返杭州传教。1661 年 6 月，卫匡国病逝于杭州，享年 47 岁。①

　　1643—1653 年间，卫匡国对中国的历史、地理进行了深入的调查研究，写出了三部著作：《鞑靼战纪》（*De Bello Tartarico Historia*，1654年安特利普初版）、《中国新图志》（1655 年阿姆斯特丹初版）、《中国上古史》（1658 年慕尼黑初版）等。《鞑靼战纪》是卫匡国以亲身经历，参考其他传教士、学者和官员等提供的大量清军入关和下江南战事的纪录而撰写的明清战争史，这部"明清鼎革记"，成为以后欧洲戏剧创作的素材来源。《中国上古史》全书十卷，卷末附编年表，取材丰富，分析比较科学，富有神学色彩，具有独到见解。以王朝体系为中心论述中国政治、经济和文化，内容上至盘古开天下迄西汉哀帝元寿二年（公元前一年），其中公布了中国的汉字和《易经》的八八六十四卦。这是西方学者第一次向欧洲系统地介绍中国的历史著作。《新图志》是第一部中国分省地图，是卫匡国在实地精密测量的基础上，依据明朝《广舆记》等有关中国方舆志的文献资料，结合利玛窦、艾儒略等耶稣会会士长期观测研究的成果，绘制出大量手稿，最后于 1654 年完成，是当时最精确的中国地图集，在欧洲使用长达百余年。正是因为这部地图集，后世欧洲汉学家称卫匡国是西方"研究中国地理之父"②。

　　近代早期欧洲的中国地图绘制史上有三个重要的里程碑，一是1584 年路德维科·乔里奥（Ludovico Georgio）绘制、由奥特柳斯（Abraham Ortelius，1527—1598）出版的中国地图，二是 1655 年卫匡国

---

　　①　[法] 费赖之著，梅乘骐、梅乘骏译：《明清间在华耶稣会士列传（1562—1773）》，第256 页。

　　②　[法] 荣振华著，耿昇译：《16—20 世纪入华天主教传教士列传》，第 231 页。

绘制、由约翰·布劳（John Blaeu）出版的《中国新图志》，三是唐维勒（Jean – Baptiste Bourguignon D' Anville）依据清康熙年间测量结果绘制的中国地图。据吴莉苇统计，1655—1736 年间，约计有 66 份含中国的地图出版，《新图志》之外，有 33 份参考了《新图志》，其中 19 份明细以《新图志》为范本，14 份是其基础上吸收了其他材料，有 4 份已经属于唐维勒模式，16 份仍受路德维科模式影响，但其中至少 5 份亦见《新图志》的影响。可见，近 60% 的地图在绘制中国或中国部分地区的轮廓时以《新图志》为参考标准。①

卫匡国在中国历史学和地理学研究方面取得了卓越的功绩，是继马可·波罗和利玛窦之后，欧洲读者所能见到的关于中国最新、最全面的报导和评论，这使他成为欧洲早期汉学的奠基人之一，同时也是欧洲汉学研究中心从意大利转移到法国之前的最后一名著名的意大利汉学家，对中国和意大利两国之间的友好关系和科学文化交流做出杰出贡献。

## 五　李明与《中国近事报道》

李明（Louis Le Comte，1655—1728），字复初，耶稣会会士。1655 年出生于法国波尔多，1671 年进入初修院，1684 年受法国国王路易十四派遣来华传教，被授予"国王数学家"、法国科学院院士。1687 年与张诚（Jean – François Gerbillion，1654—1707）、洪若翰、白晋、刘应（Claude de Visdelou，1656—1737）一起到达到浙江宁波，后赴北京、山西、陕西传教。② 1692 年返回法国，成为勃艮第（Burgundy）公爵夫人的告解神父。1728 年逝世于法国。③

---

① 统计数据参见吴莉苇《欧洲近代早期的中国地图所见之欧人中国地理观》，《世界历史》2008 年第 6 期。

② 徐宗泽：《明清间耶稣会士译著提要》，第 294 页。

③ ［法］荣振华著，耿昇译：《16—20 世纪入华天主教传教士列传》，第 208 页。

1696 年，李明的《中国近事报道》（*Nouveaux mémoires sur l'état present de la Chine*）在巴黎出版，首版为两卷本，短短四年间法文重版五次，出版第二年便被译成英文出版，并于 1698 年、1738 年和 1739 年三次再版，同时还被译成荷兰文（1697 年）及德文（1699 年）出版，成为当时欧洲广受欢迎的"中国著述"。

在早期传教士入华传教史上，法国耶稣会会士入华是一重要节点。自此葡萄牙开始失去保教权，在华耶稣会内部的国别矛盾开始凸显，而且"自法国传教士入华后，传教士汉学在数量和质量上都上了一个很大的台阶"①。《中国近事报道》预示着这一趋势的开始。李明之前，欧洲已经出版了一系列入华传教士"中国著述"，举要者如金尼阁的《利玛窦中国札记》、曾德昭的《大中国志》、卫匡国的《中国上古史》、柏应理的《中国哲学家孔子》、安文思的《中国新史》等，这些著作已经在欧洲产生了很大影响。与之相比，《中国近事报道》有其独到之处。

首先，欧洲刊行的"中国著述"大都是晚明或清初时期的著作，对康熙时期中国的情况介绍有限，而《中国近事报道》介绍得比较深入。该书实际上是李明来华期间给国内要人的通信汇编，按书信分章，共收录十四封书信，作者以自己的亲身经历对在中国的所见所闻做了详尽的报道。在信件的排列上，作者并未对收信人的地位高低给以太多的重视，而是根据信中谈论的材料的顺序来安排。书中多次描写传教士和康熙的对话，如第二封信说：

> 在我看来，皇帝是中等以上的身材，比欧洲自炫身材匀称的普通人稍胖，但比一般中国人希望的稍瘦一点；面庞丰满，留有患过天花的疤痕。前额宽大，鼻子和眼睛是中国人式的细小的。嘴

① ［法］李明著，郭强、龙云、李伟译：《中国近事报道（1687—1692）》，大象出版社 2004 年版，第 2 页。

很美，面孔的下半部长得很好。他的气色也很好。人们可以发现他的举止行动中有某些东西使他具有主宰者的气派，使他与众不同。①

如此生动细致的描述使得欧洲读者对康熙帝有了更为直观的印象。另有第十三封信，详细介绍了 1692 年康熙准奏礼部关于善待入华传教士，并批准天主教自由传教一事。可与中文相关文献对这一事件的记载比对，做出更为深入的研究。② 书中还有许多细节描写，诸如康熙曾在传教士身边设置耳目，以了解传教士的真实想法；比如康熙平定三藩之乱时，命南怀仁铸造火炮，采取在京铸造零部件，运到前线再行组装的方法。这些生动而具体的细节填补了中文叙事的缺憾，由此，此书在某种意义上实现了对清史资料的再补充。

其次，该书介绍了康熙时期中国天主教的情况。早期欧洲汉学始终以中国天主教史为基本内容，从曾德昭的《大中国史》到利玛窦的《耶稣会与天主教进入中国史》，这些著作基本上在传教学的框架中展开。对于中国学界而言，这些"中国著述"给我们补充了许多中文文献中难以找寻的原始文献和重要的细节。诸如，十二封信中，李明介绍了自身在中国传播天主教的经历，也介绍了入华传教士在中国的分布情况，同时也披露了彼时中国基督教信徒的宗教生活，这些信息有助于我们了解康熙年间天主教在中国传教的基本情况。

再次，该书在欧洲产生了极大反响，在某种程度上甚至超越了之前所有的欧洲汉学著作，究其原因是它卷入了中国"礼仪之争"。时至今日，研究康熙时期"礼仪之争"仍然绕不开《中国近事报道》。诚如罗光主教所言，李明著作刊行之后受到了反对中国礼仪的欧洲神学家的批

---

① ［法］李明著，郭强、龙云、李伟译：《中国近事报道（1687—1692）》，第 54 页。
② 参见吴伯娅《康雍乾三帝与西学东渐》，宗教文化出版社 2002 年版，第 147 页。

判，前后"开会三十次，于 1701 年十月十八日判决……有悖于神学原则"①。第七封信中，李明详细介绍了孔子生平及事迹，并翻译了一部分孔子语录。从一个耶稣会会士的立场，李明认为孔子并非神，"全国上下敬他为圣人，并鼓励后人对他的崇敬之情，这种感情显然将与世长存"②。

这部称颂中国文明的著作是依据李明神父从 1687—1692 年的见闻所作，作品向西方世界介绍了东方的儒家思想，批评了西方的堕落，将中国礼仪之争推向高潮，引起法国教会间的激烈争论。与同时期其他耶稣会会士一样，李明对中国基本持赞扬与钦慕态度，同时也不避讳对中国的一些阴暗面的描写。李明的言论影响了诸如丹尼尔·笛福等英国学人的中国印象。③ 其真实性是它获得成功的首要条件，而借助这本书，欧洲人发现自己并不是世界上仅有的文明人，从而使欧洲人信念的支柱发生了动摇，直接有损于欧洲中心论，这是其真正意义所在。

实际上，17—18 世纪来华的传教士著书立说、广泛活跃于欧洲与中国之间，很大程度上是"礼仪之争"的影响。为了维护自己的传教路线，向罗马教廷和欧洲社会申诉自己的观点，传教士们将自己在华所见所闻所感记录下来传递回欧洲，将自己所了解的中国介绍给欧洲，以争取欧洲社会和教廷的同情和支持。在考狄书目中关于"礼仪之争"的著作就有 260 余部，其中除了中国经典文献的西译之外，还有许多传教士的"中国著述"，《利玛窦中国札记》《大中国志》《中国新图志》以及《中国近事报道》等著作极大的丰富和累积了西方人的中国知识，一个国土辽阔、历史悠久、文化灿烂的东方大国形象跃然纸上，原本的教会行为却促生了欧洲的"中国热"，使中国哲学、宗教、文化传入西方，对欧洲社会产生重要影响。

---

① 罗光：《教廷与中国使节史》，台湾光启出版社 1961 年版，第 97 页。
② ［法］李明著，郭强、龙云、李伟译：《中国近事报道（1687—1692）》，第 176 页。
③ ［法］李明著，郭强、龙云、李伟译：《中国近事报道（1687—1692）》，第 6 页。

# 第三节　欧洲学者的中国图说

相对于来华传教士，欧洲本土学者是另外一个需要特别提及的群体。他们一直生活在欧洲，从未到过中国，有些甚至终生未曾踏出国门，但并未阻碍他们从各种渠道获取东方信息。从 16 世纪末起，耶稣会会士书简开始陆续从中国寄回欧洲，与中国相关的知识也随之传入欧洲。得益于近代欧洲印刷术的发展，来华传教士、旅行家、官方使节、和商人的著书立说很快在欧洲大陆流传开来。印本书籍的发行与传播远比以往的口耳相传或者手稿传阅更加便捷有效。某种程度上来说，本土学者对中国的关注和研究是"从欧洲出发最后又回归欧洲的，也就是说，他们带着欧洲的问题研究中国，又把研究的结果在改变欧洲的实践中付诸实施"①。这与肩负着传教使命的东来传教士们有很大区别。17 世纪欧洲"中国热"正隆，中国话题是学者们追逐的热点。随着更多学者的参与其中，更多的"中国著述"相继出版，促进了 17—18 世纪欧洲"中国热"的形成和发展。

## 一　开意吉与《中国图说》

阿塔纳修斯·基歇尔（Athanasius Kircher，1601—1680），中文名开意吉，是 17 世纪欧洲著名学者、耶稣会会士。② 1602 年出生于德国富尔达（Fulda，今富森），16 岁加入耶稣会，是维尔茨堡的数学和哲学教授，1631 年到了法国阿维尼翁（Avignon），1635 年到了罗马，1680 年卒于罗马。他在欧洲大陆以外唯一的一次旅行是 1637—1638 年

---

① 许明龙：《欧洲 18 世纪"中国热"》，山西教育出版社 1999 年版，第 64 页。
② 基歇尔的中文名首见其著作 *Oedipus aegyptiacus*（1652—1654），此书中有卜弥格和 Andreas Chin 写的 "Elogivm XXVI Sinicum in lavdem Oedipi"，后面署名 "厄日多篆，开意吉师，同耶稣会卜弥格叩。"感谢韩琦教授告知信息并提供资料。

间去了马耳他。他爱好广泛，博学多才，著作等身，仅用拉丁文创作的著作就有四十余部。被称为"自然科学家、天文学家、物理学家、机械学家、哲学家、数学家、建筑学家、地理学家、历史学家、音乐学家、作曲家、诗人、东方学家"，和"最后的一个文艺复兴人物"①。他是卫匡国的数学老师，与 17 世纪欧洲著名传教士卜弥格 Michel Boym，1612—1659）、白乃心（Jeam Grueber，1623—1680）、马里尼（Philipp Marini）、海因里希·罗斯（Heinrich Roth，1620—1668）、吴尔泽（Albert d'Orville，1622—1662）等耶稣会会士关系密切。白乃心来华之前，曾与其商定，随时将自己在华所见所闻转述给他。曾德昭、卫匡国、卜弥格等人从中国返回欧洲时都曾与他会面，带给他有关中国和亚洲的信息。

开意吉正是利用这些耶稣会会士的一手资料，以及返回欧洲的传教士留下的谈话记录，还有像《马可·波罗行纪》一样的各种中国游记，加上自己广博的学识和丰富的想象，撰写出《中国图说》这部"独一无二最重要的著作"②，向欧洲人展示了一幅中华帝国及其邻国的东方图景。1667 年，该书在阿姆斯特丹以拉丁文初版，③ 全名为《中国宗教、世俗和各种自然、技术奇观及其有价值的实物材料汇编》，④ 简称《中国图说》（*China illustrata*）。拉丁文版刊印后第二年荷兰文版发行，1670 年法文版面世，⑤ 其中公布了卜弥格关于大秦景教碑的一封信，第一次向西方介绍了中国的书写文字，这些内容多次被后来的著作所借鉴、引用，影响了一批欧洲学者的中国观，如莱布尼茨案头就有这部

---

① ［德］基歇尔著，张西平、杨慧玲、孟宪谟译：《中国图说》，大象出版社 2010 年版，第 5 页。

② ［德］基歇尔著，张西平、杨慧玲、孟宪谟译：《中国图说》，英译者序，第 18 页。

③ 拉丁文版在"第一部分"前附一幅中国地图（取自卫匡国《中国新图》）。

④ Athanasii Kircheri, *China monumentis, quà sacris quà profanis, nec non variis naturæ & artis spectaculis, aliarumque verum memorabilium argumentis illustrata*, etc. Amstelodami：apud Joannem Janssonium à Waesberge & Elizeum Weyerstraet, 1667.

⑤ 法文版刊有基歇尔画像，而拉丁文、英文版均无。

书，荷兰人尼霍夫（Jan Nieuhof，1618—1672）在《巴塔维亚使团》里从该书第六章摘录了部分与汉语相关的内容。① 《中国图说》以其"新奇的发现、精美的插图、广博的知识赢得了当时欧洲的一片赞扬声"②，在欧洲引起很大反响，被誉为"17 世纪的中国百科全书"③，成为"17世纪有关中国最广为流传、引用率最高的书籍之一"④。

## 二 杜赫德与《中华帝国全志》

杜赫德（Jean Baptiste Du Halde，1674—1743），1674 年 2 月 1 日生于巴黎，1692 年 9 月 8 日进入耶稣会，时年 18 岁，1698 年执教于拉弗莱什（La Flèche）学校，1708 年在巴黎耶稣会学校讲授文学课程，后任教于路易大王学校，期间开始其学术活动，后被选为郭弼恩（Charles le Gobien，1653—1708）的继承人，专门负责收集整理各国耶稣会会士的信函，成为《耶稣会士书简集》的主编，直至 1743 年于巴黎逝世。杜赫德神甫一生从未跨出过法国领土，且不懂中文，但是他充分利用自己编辑《书简集》时接触到的各类传教士书信材料，并收集来华的传教士撰写的相关中国报道及其回忆录，编纂出《中华帝国全志》这部鸿篇巨帙。尽管题名页上仅署名杜赫德一人，但是却有 27 位长期旅居在华的耶稣会士为其提供文稿，杜赫德并未独自居功，而是在序言部分将所有供稿人名讳一一列出，从这个意义上来说，《全志》更像是一部集体创作。⑤ 值得一提的是，27 人中有 8 位的学术著作在 1735

---

① 尼霍夫：《巴塔维亚使团》（Jan Nieuhof, *An Embassy from the East India Company of the United Provinces to the Grand Tartar Cham Emperor of China*），该书是尼霍夫作为荷兰从巴达维亚派往北京使团的成员，返回欧洲后撰写的报告，原文为（*Legatio Batavica ad Magnum Tartariae Chamum Sungteium, Modernum Sinae Imperatorem*），1665 年于阿姆斯特丹初版。

② ［德］基歇尔著，张西平、杨慧玲、孟宪谟译：《中国图说》，张西平序，第 16 页。

③ 朱谦之：《中国哲学对欧洲的影响》，福建人民出版社 1983 年版，第 60 页。

④ ［美］唐纳德 F. 拉赫等著，许玉军译：《亚洲形成中的欧洲》第三卷《发展的世纪》第一册下，人民出版社 2003 年版，第 413 页。

⑤ 参见蓝莉著，许明龙译《请中国作证——杜赫德的〈中华帝国全志〉》，商务印书馆 2015年版，中文版序，第 3 页。

年之前已经超过 29 部，他们是在欧洲享有声誉的学者，这无疑为《全志》增添了可靠的学术份量。[①]

　　1735 年 7—8 月间，《全志》由当时巴黎最大的出版社之一皮埃尔—吉尔·勒梅西埃（Pierre－Gilles Le Mercier）书局发行，[②] 以法文撰写直接题献给法王路易十五。[③] 初版通常被称为“巴黎版”，由杜赫德监制，版式精美，堪称 18 世纪出版物中的杰作，出版之前曾以 144 里弗（Livre）的价格进行征订。[④] 1735 年 11 月号，《学者报》刊登简介：“纵观全书，我们长久以来未曾见到过可与其比肩的著作。”出版一年后，1736 年海牙舍里尔（Sheurleer）书局出版袖珍本，实际是一个盗版，并未获得国王特许出版，所以售价低廉，普通读者也可以承受。[⑤] 除了版权问题之外，两个版本最大的差异便是开本大小和插图。1735 年巴黎初版是对开四卷本（30.0×17.2cm），内附 64 幅插图，而海牙版是平装四开（19.8×12.4cm），由于得不到地理学家丹维尔（Jean－Baptiste Bourguignon d'Anville，1697—1782）地图的授权，[⑥] 此版发行时并没有插图，编者不得不重新制版复刻巴黎版中的地图，于 1737 年单独成册发行。[⑦] 两版篇名、正文和评注都一模一样，篇章编排

---

　　① 他们是白晋、柏应理、宋君荣、李明、安文思、卫匡国、卫方济、南怀仁，参见蓝莉著，许明龙译：《请中国作证——杜赫德的〈中华帝国全志〉》，第 44 页。

　　② ［法］杜赫德：《中华帝国全志》（*Description geographique*，*historique*，*chronologaque*，*politique*，*et physique de l'Empire de la Chine et de la Tartarie Chinoise*，Paris：P. G. Le Mercier，1735.），皮埃尔—吉尔·勒梅西埃书局 1735 年版。

　　③ 法国当时的出版界，一部著作的献词相当于一种出版许可保护。

　　④ 大革命前，法国货币本位币单位是里弗，按 1726 年规定折算，1 路易（Louis d'or）等于 24 里弗，1 埃居（écu）等于 6 里弗，1 里弗等于 20 苏（sou）。144 里弗定价在当时属于高价。

　　⑤ 海牙版信息参见斯特雷特《传教书目》（Streit，*Bibliotheca Missionum*），第 Ⅶ 卷，No. 3220，转引自蓝莉著，许明龙译《请中国作证——杜赫德的〈中华帝国全志〉》，第 27 页。

　　⑥ 即《中国新舆全图》，丹维尔并非神职人员，与杜赫德合作制版地图之时，他只是一个普通地理学家，世俗职业制图专家，后来被任命为“国王的首席地理学家”。1708 年 7 月 4 日，杜德美（Johnson，R. F.）带队开始测绘清帝国地图，1718 年绘制完毕的地图呈送康熙帝，1720 年铜版刻制的地图在北京出版，1725 年以法文书写图例的地图集原稿呈献给路易十五。以上信息参见蓝莉著，许明龙译《请中国作证——杜赫德的〈中华帝国全志〉》，第 108 页。

　　⑦ 海牙地图册信息参见斯特雷特《传教书目》（Streit，*Bibliotheca Missionum*），第 Ⅶ 卷，No. 3226，转引自蓝莉著，许明龙译《请中国作证——杜赫德的〈中华帝国全志〉》，第 30 页。

基本一致，编者只做了稍微改动，改动之处均在每卷题名页处予以说明。由于巴黎版开本宏大，每卷重达 3 公斤，只能摆在书桌上阅读，而海牙版开本较小，纸张轻盈，易于携带，且容易找到，所以关注《全志》的学人更多的是使用海牙版。1735 年、1736 年两个法文版之后，《全志》再没有法文再版，却屡次外译发行。1736 年英文版发行，之后1738 年、1741 年两次再版。1745—1756 年德文版刊行，1774—1777年，俄文节译本出版（《全志》第一、二部分）。①

《全志》卷一包括地理、历史两部分，地理部分中，清朝的 15 个省各自所占篇幅均衡。卷二描写中国的社会与文化。卷三介绍了中国的宗教和科学。卷四展示了归入清王朝版图或附属地区，如西藏、鞑靼和朝鲜。初版的卷一（中国）和卷四（鞑靼和附属国）部分共附地图 50幅，并有相关的地理说明，另有 14 幅木刻插画。《全志》序言中强调，"这些地图更新了卫匡国、白乃心以及卫方济三位神甫以往提供的中国地理知识"，意即之前出版的地图测量并不十分准确。②

作为法国耶稣会解散之前的最后一部著作，《全志》曾在欧洲引起巨大反响，被视为"欧洲 18 世纪中国知识的最重要来源"，从其诞生之日至 18 世纪末，始终被看作是关于中国问题的知识手册，深受欧洲有学之士青睐。③ 书中一些语句和段落时常被同时代学人引用。启蒙时代的欧洲学人正是通过此书来了解中国、走近中国。在《百科全书》中，与中国相关的条目共有一百余条，其中引自《全志》的约占一半。重农学派的魁奈（Quesnay）、普瓦弗尔（Poivre）、杜邦·德·内穆尔（Dupont de Nemours）曾经引用《全志》。弗雷莱（Nicolas Fréret, 1688 – 1749）、德梅朗（Dortous de Mairan）等院士，以及杜尔阁

---

① 《全志》版本信息参见蓝莉著，许明龙译《请中国作证——杜赫德的〈中华帝国全志〉》，第 27 页。

② 《全志》卷一，序言，（1735 年版）第 VIJ 页，（1736 年版）第 XV 页。

③ 参见蓝莉著，许明龙译《请中国作证——杜赫德的〈中华帝国全志〉》，中文版序，第 3 页。

（Turgot）、贝尔坦（Bertin）等政府大臣曾经在通信中提及《全志》。歌德（Goethe）的一封通信表明，他于 1738 年阅读了《全志》。此外，英国海军将军乔治·安森（George Anson，1ˢᵗ Baron Anson，1697—1762）1742 年开始远航时，马戛尔尼（George Lord Macartney，1737—1806）率使团 1793 年出使中国时，都曾随身携带《全志》。① 虽然我们无法精准的掌握《全志》刊行的印数，但是，由上述可知该书的受欢迎程度。

## 三 《耶稣会士书简集》

18 世纪来华法国耶稣会会士撰写了大量书信和专著，《耶稣会士书简集》（*Lettresédifiantes et curieusesecrites des Missions Etrangeres par quelques Missionaires de la Compagnie de Jeìsus*）便是其中重要的一部。该刊先由郭弼恩神甫担任主编，主要是来华法国耶稣会会士写给本国宗教界人士的书信集。② 1702 年（康熙四十一年）开始刊行，1709 年，由杜赫德接任主编直到 1743 年 8 月 18 日逝世，他的职责是纵览全书，使之融会贯通。1711 年，他编辑的第一辑出版。1743 年后，巴图耶（L. Patouillet，1699 - 1779）接任主编，到 1776 年（乾隆四十一年）止，共出版 34 卷，历时七十四年。凯伯夫（de Querbeuf）于 1780—1781 年间按照书简寄出地而分地区刊行 26 卷，1819 年在里昂刊印压缩版 14 卷，其中有 6 卷是中国书简。1829—1832 年间，在法国图卢兹和巴黎出版了 40 卷本，1838—1843 年又出版了"先贤祠"版 4 大卷，其余的节选本不计其数。

《书简集》并非专论中国，出版周期不固定，一年一辑，亦或两三年一辑。每辑收录 8—10 位耶稣会会士的书简，并附木版插画和地图。比如，殷弘绪神甫曾在两封书信中介绍了景德镇御窑烧制瓷器的情况。

① 参见蓝莉著，许明龙译《请中国作证——杜赫德的〈中华帝国全志〉》，第 27 页。
② 韩琦：《中国科学技术的西传及其影响（1582—1793）》，第 30 页。

信件刊出后引起广泛关注，《书简集》也由此大受欢迎。① 《书简集》的出版获得了法王特许和耶稣会会法国省负责人的批准，所刊书简都是耶稣会派往世界各地传教的耶稣会会士的往来信件，内容主要是汇报当地传教事业的进展情况，也会谈及当地的地理、文化、风土人情。信件涉及题材广泛，文体兼顾游记、报告文学的特质，并以出色的编排广受读者欢迎。《书简集》以奇闻逸趣吸引读者，兼具教益功能，正是其取得成功的原因。

《书简集》向法国传递了中国信息，成为 18 世纪欧洲有关中国资讯的主要来源。由于法国耶稣会会士肩负着中国科学考察的任务，使得他们的信笺不只是一般的书信，更是具有调研成果和考察报告的研究水准，不仅满足了欧洲人的猎奇之心，也增加了欧洲读者对中国的深层了解，改变了欧洲人的中国印象，对 18 世纪欧洲大陆的"中国热"起到了推动作用。

## 四 《中国杂纂》

《中国杂纂》是法国学者依据北京耶稣会会士的通讯和著作编写的另一部重要的中国专著。1776—1791 年，钱德明、晁俊秀（Franc̦ois Bourgeois，1723—1792）和韩国英编著的《中国杂纂》（*Mèmoires concernant l'histoire，les sciences，les arts，les mœurs，les usages etc.，des Chinois par les Missioinaires de Peïkin*）在巴黎出版。钱德明，字若瑟，天文学家和作家，是第一位将《孙子兵法》介绍到欧洲的耶稣会会士。1718 年生于法国土伦（Toulon），1737 年在阿维尼翁进入耶稣会修道院，1749 年从洛里昂乘船出发赴华，1750 年到达广州，1751 年应乾隆皇帝之召进京，1761 年任法国在华传教区的司库，1779 年出任法国在华传教区会长，1793 年死于北京。他是入华耶稣会会士中留守清王朝的最后一

---

① 参见蓝莉著，许明龙译《请中国作证——杜赫德的〈中华帝国全志〉》，第 38 页。

位大汉学家，多才多艺，精通汉文、满文、蒙文，对中国历史和文化深有研究。有关中国的著作有《满蒙文法满法字典》《中国历代帝王纪年》《纪年略史》《孔子传》《列代名贤传》《中国古代宗教舞蹈》等十几种。

晁俊秀，字济各，1723 年 3 月 28 日生于勒米古尔（孚日），1740年入初修院，1764 年 1 月于洛里昂启程，1767 年 8 月抵达中国，1768年 4 月离开广州，同年 7 月到达北京。1775 年 11 月 15 日，耶稣会在北京宣布解散，晁俊秀司铎将法国耶稣会会士的建筑移交给遣使会会主（味增爵士会）。1776 年 11 月 30 日，路易十六敕封他为北京的长上和整个法国传教区的行圣事者。1792 年 7 月 29 日于北京逝世。①

韩国英，字伯督，法国机械师、植物学家和作家。1727 年 8 月 15日生于法国利摩日（Limoges），1743 年入耶稣会初修院，1758 年 3 月于洛里昂登船出发，1759 年 7 月抵达澳门，1760 年 6 月到达北京，1780 年 8 月 8 日于北京逝世。② 他在中国进行了大量的植物考察，曾在《中国杂纂》发表多篇文章，其中第 4 卷刊有他翻译的《医宗金鉴》，题为《论天花》，介绍了中国关于痘疹的治疗方法。③ 韩国英是继殷弘绪之后另一位对中国种痘术进行翻译推介的耶稣会士。

作为 18 世纪欧洲汉学的"三大巨著"之一，《中国杂纂》自 1776年（乾隆四十一年）至 1814 年（嘉庆十九年）刊完，历时四十年，共刊行 17 卷。④ 第 17 卷是 1814 年由田嘉壁（Luisgobiseis Detaplace）发行的，是北京各传教士研究中国的结晶之作，被誉为启蒙时代耶稣会会士

---

① ［法］费赖之著，梅乘骐、梅乘骏译：《明清间在华耶稣会士列传（1562—1773）》，第926 页。

② ［法］费赖之著，梅乘骐、梅乘骏译：《明清间在华耶稣会士列传（1562—1773）》，第890 页。

③ 《中国论丛》卷 4，1779，第 392—420 页，转引自韩琦《中国科学技术的西传及其影响（1582—1793）》，第 116 页。

④ 所称"三大巨著"即《耶稣会士书简集》《中华大帝国全志》及《中国杂纂》。

汉学的真正历史丰碑。①

据统计，仅 1552—1687 年间，传教士们共有 69 种"中国著述"出版，这比南亚、东南亚以及亚洲群岛的著作都胜出很多。② 史景迁说："我相信日本、印度、中东都没有如此强烈地吸引过西方，你可以说它们对西方也产生了影响，但中国四百年来对西方所具有的却是一种复杂的魅力"，"西方被中国迷住了"③。16—18 世纪，欧洲刊行的"中国著述"以称颂和赞誉中国文化者居多，这是传教士为得到教廷与公众向东方传教的支持而故意为之，也满足了当时欧洲社会对中国信息的渴望。

① 参见耿昇《十六—十八世纪的中学西渐和中国对法国哲学思想形成的影响》，《传统文化与现代化》1996 年第 1 期。
② 忻剑飞：《世界的中国观》，学林出版社 1991 年版，第 133 页。
③ 史景迁：《文化类同与文化利用》，北京大学出版社 1997 年版，第 15 页。

# 第二章　近代欧洲"中国著述"
## 在英国的传播

## 第一节　近代早期英人东方认知溯源

早期英国人对东方知识的了解局限在《曼德维尔游记》(*The Travels of Sir John Mandeville*) 的翻译情况，及其他流行于欧洲大陆的宇宙志和游记作品上，1534 年亨利八世与罗马天主教会的决裂甚至连这一渠道也被隔断。16—17 世纪，当葡萄牙、西班牙、意大利、比利时等国的耶稣会会士纷纷从欧洲大陆远赴中华帝国之时，英国正忙于率先跨入资本主义，新旧社会交替的纷乱使它经济上聚焦于国内的兴办新型产业，在国外拓展海外贸易；政治上集中于革命与反叛、复辟与反复辟的斗争上。所以，英国在近代早期对于中国的认识主要基于两方面：一是商人、水手、游历者的见闻或传闻，二是从欧洲大陆相关文献译介而来的二手资料。于是，中国文化西传进入英国学人的阅读视野，经由他们的著作诠释给民众，就要比欧洲其他国家相对延迟，但显然，这并不没有影响不列颠向东方扩张势力的努力。实际上，欧洲的海外扩张不是意大利、法国、德国等实力大国开始，而是始于葡萄牙这样一个小国。[1] 原因在于海外扩张是一项极具冒险的事业，资金雄厚的商人们并不愿意冒然进行

---

① 参见［韩］朱京哲著，刘畅、陈媛译《深蓝帝国——海洋争霸的时代 1400—1900》，北京大学出版社 2015 年版，第 55 页。

这种探险，而看到葡萄牙、西班牙等小国探险成功并取得丰厚利润之后，"英国人开始沿着葡萄牙人和西班牙人的扩张足迹，急起直追"①。

## 一 近代早期中英两国交往经历

英人与中国最早的接触，始于 13 世纪蒙古西征，当时军中便有英国人担任翻译和信使。② 英国人从 15 世纪末便开始寻求通往中国的航线，截至 1644 年明清易代，已有几十次东方探险的尝试。关于这一时期的探险活动，英人留下了大量的记载。早在 1497 年，亨利七世为了寻找亚洲，曾资助意大利人卡伯特（Giovanni Caboto，c. 1450 – c. 1500）向西航行寻求契丹国，这是英国第一次向大西洋西北航行，但这次尝试没有继续下去，海外扩张很快被国内更迫切的经济、商业发展搁置了。亨利八世执政期间，虽然忙于国内和欧洲大陆的事务，但依然渴望了解东方扩张的新情况，他命人制作航海地图，与探险家交流，听取从西北和东北航线去契丹、摩鹿加群岛的建议。③ 16 世纪中期，英国与欧洲大陆的隔绝局面终于结束。英国商人对于找寻一条通往契丹的西北航线越来越感兴趣。④ 1541 年，亨利八世试图派英国商人随同葡萄牙前往东方，结果未能成功。1582 年、1596 年，伊丽莎白女王曾两次派英国商人携带亲笔书函到中国，试图与中国建立联系，但是没有达到目的。之后，英国也曾多次叩击中国的大门，试图与中国建立联系。

### （一）新航线的开辟与英国找寻东方的尝试

1558—1559 年，英国人詹金森（Anthony Jenkinson，1529—1610/

---

① 范存忠：《中国文化在启蒙时期的英国》，第 5 页。
② 于建胜、刘春蕊：《落日的挽歌——19 世纪晚晴对外关系史简论》，商务印书馆 2004 年版，第 14 页。
③ ［美］唐纳德·F. 拉赫著，姜智芹译：《欧洲形成中的亚洲》卷 2 第 2 册，人民出版社 2013 年版，第 462 页。
④ ［美］唐纳德·F. 拉赫著，姜智芹译：《欧洲形成中的亚洲》卷 2 第 2 册，第 489 页。

1611）和约翰逊（Johnson）兄弟二人一起，由俄国陆路向东，直达布哈拉（Bokhara），目的也是为了寻求通往契丹的商道。

16 世纪始，英国开始寻求海上通往中国的航路。拉雷（Sir Walter Raleigh，1554—1618）说："探寻契丹确是冒险家这首长诗的主旨，是数百年航海业的意志、灵魂。……西班牙人已执有西行航线，经过马加伦海峡，葡萄牙人执有东行航线，经过好望角；于是英国人只剩下一条可走——向西行。"①

1576—1578 年，英国有一个向外发展的计划，名为"契丹探险"（Cathy Venture），目的在于找寻一条通往亚洲的捷径，伊丽莎白女王、贵族、商人出资，航海家、地理学家践行，但是计划却没能成功，后来分别于 1581 年、1596 年又试行了两次，均以失败告终，不过"契丹"一词却为朝野上下所熟知。②

第一次具体行动便是 1576 年，伦敦商人组织了一支探险队，找寻通往中国的西北航道，队长是著名的航海家兼海盗马丁·费罗比舍（Martin Frobisher）。探险队到达现在的巴芬地（Baffin's Land），伦敦的商人们组织了中国公司，计划进行更大规模的探险。可是费罗比歇 1577 和 1578 年两次探险均以失败告终，既没有找到黄金，也没有探寻出通往中国的航路。

1578—1580 年，英国海盗弗朗西斯·德雷克（Francis Drake，c. 1540—1596）完成了环球旅行。德雷克的成功激起了英国商人约翰·纽伯雷（John Newberry）探寻东方的愿望。1583 年 2 月，纽伯雷与商人拉尔夫·菲奇（Ralph Fitch，c. 1550—1611）、约翰·埃尔德雷德（John Eldred，1552—1632）、威廉·利兹（William Leedes）一行，携带伊丽莎白一世给中国皇帝的公函前往东方，函中要求同中国建立联系，以便互通有无。他们由陆路至印度，到达霍尔木兹（Ormuz）时，

① 转引自方重《英国诗文研究集》，商务印书馆 1939 年版，第 1—2 页。
② "契丹探险"计划内容参见范存忠《中国文化在启蒙时期的英国》，第 4 页。

被葡萄牙人俘虏,此次计划失败。

1580 年,伊丽莎白女王曾颁发文书给阿德里安·吉尔伯特(M. Adrian Gilbert),准许他继续探寻通往中国的西北航路。1583 年,中国公司最后一次企图组织通向中国的航行。探险队在爱德华·芬顿(Edward Fenton,? —1603)的带领下,准备取道好望角,然而在巴西沿岸遇到了强大的西班牙舰队,因此被迫回国。此后,1585 年、1586 年和 1587 年,约翰·德庇时(John Davis, c. 1550—1605)曾三次探寻通往中国的西北航道,但都未能取得成功。主要原因是葡萄牙人和西班牙人彼时已经从两个方向分别垄断了东西海上交通航线,而且英国人找寻"北半球航道"的尝试未能取得成功。

1588 年,英国击败西班牙无敌舰队,使得英国舰队通往东方之路再无阻隔。

1591 年,英国终于打破葡萄牙的海上封锁,夺得取道好望角进入东方的航海权。自此,英国凭借其日益强盛的国力,展开了大规模的海外殖民扩张活动。此后,海上交通线的打通之后,关于中国的各种知识以直接或间接的方式得以在英国传播,为英国学人了解中国提供了有效途径。

1596 年,伊丽莎白女王派班杰明·伍德(Benjamin Wood)作为自己的使臣,携其亲笔信经海路前往中国,信中女王致信中国明朝的万历皇帝,要求与之通商。伍德跟随商人理查德·艾伦(Richard Allen)和托马斯·布罗姆菲尔德(Thomas Bromfield)一起到中国,结果一支船在好望角附近覆没,另外两支船半途遭遇葡萄牙舰队被歼灭,伊丽莎白女王致中国皇帝的信函还是未能到达中国。①

## (二)东印度公司成立之后的中英接触

1600 年 12 月 31 日,在英国枢密院授意下,伦敦商人筹备创办的英

---

① 张轶东:《中英两国最早的接触》,《历史研究》1958 年第 3 期。

国东印度①贸易公司（The Governor and Company of Merchants of London Trading to the East Indies）正式成立，英国和中国有了间接的联系。伊丽莎白女王特许该公司在 15 年内垄断好望角与麦哲伦海峡之间的贸易。该公司前后存在了 258 年，是英国海外贸易垄断机构中规模最大、历时最久的贸易公司，在中英文化交流中起了重要作用。

1602 年，乔治·韦茅斯（George Waymouth）船长带着伊丽莎白女王致中国皇帝的信，率领探险队继续探寻西北航道，最终失败。但东印度公司并没有放弃，每年都派一至三艘船只到东方去贸易。虽然中英两国之间尚没有建立正式的贸易关系，但是两国商人之间在南洋的往来已经越来越多，英国人与中国建立商业关系的需求越来越迫切。

1610—1613 年，尼古拉·唐顿（Nicolas Downton）东航时，曾带来两封詹姆士一世致中国皇帝的信，这两封信都未能到达中国。

1620 年，英国船"育尼康号"在澳门附近的马可作岛遇难，是第一艘到达中国的英国船只，之后，1622 年，两艘英国船与荷兰船一起进攻澳门，虽然以失败告终，但劫掠了两艘中国货船和几艘葡萄牙货船。

1635 年，英舰"伦敦"号航达中国海岸，但还是没能和中国官方有所接触。英国船只初次和中国政府发生联系是在 1637 年。

1636 年 4 月 14 日，在东印度公司的竞争对手——英国科腾商团资助下，英国海军大佐约翰·威德尔（Captain John Weddell）船长率领舰艇四艘出使中国，他们带着英王查理一世（Charles Ⅰ，1625—1649 在位）给澳门总督的亲笔信从英国出发，次年的 6 月 25 日抵达澳门附近的横琴岛，澳门的葡萄牙人不许英国人上岸，并极力阻止他们与中国人进行贸易。1637 年，韦德尔船长率船队闯入珠江，并在虎门与明朝军队冲突。之后，威德尔派代表与广东地方政府谈判，愿与中国通商。英

---

① 所谓东印度，是西方人对好望角以东、麦哲伦海峡以西，即整个印度洋和西太平洋的广大区域的通称，中国也在这一区域内，对华贸易自然也被纳入该公司的垄断范围。参见葛桂录《中英文学关系编年史》，上海三联书店 2004 年版，第 15 页。

国舰队与中国珠江航道的炮台之间展开了炮战,中方军舰被摧毁、炮台被攻占。12 月 27 日离开澳门回国,总共在中国停留了六个月。这是科腾商团组建后的第一次商业远征,也是中英两国之间第一次官方的接触,① 只是,由于葡萄牙人暗中作梗,这次接触并没有取得成果。② 回顾 150 年中英早期接触的历史,英人做出了几十次进入中国的尝试,均未取得实质性进展。

1742 年、1743 年,英国海军上将乔治·安逊率领"百总号"两次在中国沿海地区停靠,足以摧毁整个广州港或其他任何中国港口的航运,面对全中国集合起来的军力也不会有丝毫危险。③

1761 年 9 月底,东印度公司派遣的特使哥达到达广州,向两广总督提交了一份有关改善广州贸易状况的禀帖,但是其提出的各种商务要求大多遭到拒绝。

1787 年(乾隆五十二年),经东印度公司建议,英王乔治三世(George Ⅲ)派国会议员查尔斯·卡斯卡特(Charles Cathcart)上校为特使出访中国,这是英国首次正式向中国派使访问活动,该使团于 1787 年 12 月 1 日乘"万事妥"号启航来华,不幸的是,1788 年 6 月 10 日,卡斯卡特途中病逝,使团不得不返航回国。④ 此后,英国政府于 1792 年和 1816 年先后派遣马戛尔尼勋爵和阿美士德勋爵出使中国。

## 二 近代早期东来旅行家行纪的英文版

近代早期来华传教士以葡萄牙、西班牙、意大利、法国人居多,因

---

① 万明:《明代中英的第一次直接碰撞》,《中国社会科学院历史研究所学刊》第三辑,商务印书馆 2004 年版,第 437 页。

② 于建胜、刘春蕊:《落日的挽歌——19 世纪晚晴对外关系史简论》,第 15 页。

③ George Anson, *A Voyage Round the World, in the Years MDCCXL*, Ⅰ, Ⅱ, Ⅲ, Ⅳ., London: printed for W. Bowyer and J. Nichols, W. Strahan, J. F. and C. Rivington, T. Davies, L. Hawes and Co., 1776. p. 330.

④ 以上中英交往史实主要参考张星烺、朱杰勤校订《中西交通史料汇编》(六卷本),中华书局 2003 年版。

此这一时期在欧洲刊行的"中国著述"以拉丁文、葡萄牙文、西班牙文、意大利文、德文、法文为主。由于英国对海外扩张的兴趣日渐膨胀，这些"中国著述"在出版之后不久便有英文译本跟进，充分体现了英人对中国信息的需求。

1585 年，西班牙奥斯丁会修道士门多萨的《中华大帝国史》西班牙文初版在罗马出版。该书是 16 世纪有关中国自然环境、历史、文化风俗、礼仪、宗教信仰以及政治、经济等概况最全面、最详尽的著述。1588 年，这部堪称"欧洲专论中国的百科全书"的英文版由伍尔夫出版。[1]

1642 年，葡萄牙来华耶稣会会士曾德昭的《大中国志》西班牙文初稿在马德里发行，次年被译成意大利文出版，1645 年被译成法文出版，1655 年被译成英文由伦敦库克出版社刊行，[2] 1670 年被译成荷兰文出版，在欧洲产生了广泛影响。

1696 年，法国来华耶稣会会士李明的《中国近事报道》巴黎出版法文版，次年伦敦英文版发行，在英国风行一时。[3] 该书向西方世界介绍东方的儒家思想，批评西方的堕落，将中国礼仪之争推向高潮，引起法国教会间的激烈争论。

1667 年，德国耶稣会会士开意吉的《中国图说》在阿姆斯特丹以拉丁文初版，1670 年法文版面世。[4] 该书以其深刻的内容、精美的插

---

① Juan González de Mendoza, *The Historie of the Great and Mightie Kingdome of China, and the Situation Thereof*, Translated out of Spanish by R. Parke. London, Printed by I. Wolfe for Edward White, 1588.

② Alvaro Semedo, *The History of thaGreat and Renowned Monarchy of China*, London：J. Cook, 1655.

③ Louis Daniel LE COMTE, *Memoirs and Observations... made in a late journey through the Empire of China, and published in several letters*, By L. Le Compte, translated from the Paris edition. London, 1697.

④ Kircher, Athanasius, *China monumentis, qva sacris qvà profanis, nec non variis naturae & artis spectaculis, aliarumque rerum memorabilium argumentis illustrata, auspiciis Leopoldi primi roman. imper*, Amstelodami：apub Joannem Janssonium à Waesberge & Elizeum Weyerstraet, 1667.

画，在欧洲引起很大反响，被誉为"17 世纪的中国百科全书"。

1735 年 7—8 月，法国耶稣会会士杜赫德的《中华帝国全志》在巴黎初版。该书出版后立刻引起伦敦出版家的关注，当时伦敦《绅士杂志》(*The Gentleman's Magazine*) 的出版家爱德华·凯夫 (Edward Cave，1691—1754) 准备将它译为英文。① 该杂志 1735 年 11 月号曾发表评论，推介杜赫德的《中华帝国全志》，认为此书是一部了不起的大书，比李明的《中国近事报道》更加完整和准确。② 1736 年 12 月，英国出版了布鲁克斯 (R. Brookses) 的节译本，由瓦茨 (John Watts) 出版，通称为瓦茨本，1741 年第三版修订本出版。③ 这个八开四册的节译本出版后立刻引起轰动，成为当年的畅销书，《文学杂志》(*Literary Magazine*) 为它做了 10 页之长的提要，《学术提要》(*The Works of the Learned*) 则发表了长达 100 余页的评述。而凯夫的全译本启动周期比较漫长，1736 年 8 月开始以"中国故事"为题在《绅士杂志》分期刊发，直到 1742 年才全部出版。④ 当时英国文坛领袖约翰生参与了审校译稿及部分翻译工作。

此外，法籍耶稣会会士金尼阁的《利玛窦中国札记》、意籍耶稣会会士卫匡国的《中国新图志》、⑤ 法籍耶稣会会士龙华民 (Niccolò Longobardi，1559—1654) 的《论中国人宗教的几个问题》、⑥ 以及法籍传教士郭弼恩 (Charles Le Gobien，1653—1708) 和杜赫德主编的《耶稣

---

① 《绅士杂志》由凯夫 1731 年创办，是英国第一个叫做 magazine 的中型月刊，以刊登国会消息闻名，1735 年刊登了几篇报导和评介《中华帝国全志》的文章。

② 范存忠：《中国文化在启蒙时期的英国》，第 67—68 页。

③ 瓦茨出版的节译本由布鲁克斯 (Brookes) 翻译，书名《中国通史》，1736 年 12 月发行。

④ J. - B. Du Halde, (Jean - Baptiste), *A Description of the Empire of China and Chinese - Tartary, from the French of P. J. B. Du Halde, Jesuit; with notes geographical, historical, and critical; and other improvements particularly in the maps*, by the translator. London: printed by T. Gardner for E. Cave, 1738 -1741.

⑤ Martino Martini, *Novus Atlas Sinensis*, Amsterdami Blaeu, 1655.

⑥ Nicolas Longobard, Traité *sur quelques points de la religions des Chinois*, Paris: L. Guerin M., 1701.

会士书简集》等最初在欧洲大陆刊行的"中国著述"也以不同的方式进入英人的视野,[①] 丰富了英人的中国知识,加深了英人的中国印象。

## 三　书籍贸易与私人图书馆日见规模

16 世纪上半叶,亨利八世(King Henry Ⅷ,1491—1547)进行宗教改革期间解散了天主教修道院,没收教会图书馆藏书,终止了教会对书籍的控制,把很多图书投向市场,大学机构和个人才得以购买。在此之前,英国的书籍资源主要掌控在教会手中。由于受国内宗教改革的影响,加上英国与欧洲大陆的地缘关系,当时的伦敦只有两家书商经营海外图书,英人购买外文图书受到很大限制,那些到欧洲大陆游历,或者在安特卫普、里斯本、塞维尔做生意的英国人,才有机会将钟意的外文书籍带回英国。直到 16 世纪下半叶,翻译成英文的关于海外发现和东方资讯的书籍,才开始在英国公开出售,并为私人图书馆收藏。[②] 这一时期收藏家们开始集中收藏用欧洲各民族语言撰写的著作,值得注意的是,那些翻译成意大利文、德文、法文的关于海外扩张历史的著作,成为法兰克福书展、书商购销清单和私人图书馆最受欢迎的图书。[③]

近代早期,私人藏书家最为青睐的是关于葡萄牙向东扩张的历史书籍。收藏最普遍的是意大利人卢得维科·德·瓦尔塔马(Lodovico de Varthema,约 1470—1517)的《博洛尼亚人卢多维科·德·瓦尔塔马游记》(*Itinerario de Ludouico de Varthema Bolognese nello Egypto*,罗马,1510年),既有意大利文原版,也有拉丁文、德文、西班牙文和英文版。[④]

---

① Charles Le Gobien; Nicolas Maréchal; Louis Patouillet; Jesuits, *Lettres edifiantes et curieuses ecrites des missions etrangeres par guelques missionnaires de la Compagnie de Jesus*, Paris: Chez Nicolas le Clerc. . . , 1703 – 1776.

② 参见泰勒《都铎王朝地理 (1485—1583)》(E. G. R. Taylor, *Tudor Geography*, 1485 – 1583),梅休因出版有限公司 1930 版, p. 25.

③ [美] 唐纳德·F. 拉赫著, 姜智芹译:《欧洲形成中的亚洲》第 2 卷第 2 册, 第 72、73、45、75 页。

④ [美] 唐纳德·F. 拉赫著, 姜智芹译:《欧洲形成中的亚洲》第 2 卷第 2 册, 第 73 页。

在畅销程度上，另一位意大利人阿尔坎杰罗·马德里戈纳诺（Arcangelo Madrignano，？—1529）《葡萄牙人航海记》（*Itinerarium Portugallensium e Lusitania in Indiam & inde in occidentem & demum ad aquilonem*，米兰，1508 年）、《新世界》（*Novus orbis regionum ac insularum veteribus incognitarum*，巴塞尔，1532 年）等关于地理大发现的资料可与之媲美。①

比较知名的私人图书馆里，一般都藏有关于海外扩张和亚洲生活的书籍。英国久负盛名的私人藏书家约翰·迪（John Dee，1527—1608）收藏了大量地理、天文、航海以及与海外世界相关的手稿和印本书籍，还有大量的耶稣会会士书信集。他的私人图书馆允许英国清教徒使用，为其海外游历提供前期信息储备。另一著名的私人图书馆——拉姆利图书馆（Lumley Library）除大量航海、地理、游记方面的书籍之外，还收藏有很多用欧洲各民族语言撰写的著作。据统计，与东方相关的书籍在其藏书中占比约 9%，② 其中有中世纪的游记、16 世纪关于东方航海和世俗生活的珍贵书籍，诸如《曼德维尔游记》、③ 西班牙人门多萨的《中华大帝国史》，以及耶稣会会士书信集的代表性版本和历史方面的代表性著作。研习地理的学生以及其他感兴趣的文人学士都可以利用这些私人藏书了解海外世界。

纵观 16 世纪，大量的游记、编年史、历史、自然科学著作、宇宙学和地图方面的原始资料触手可及，很多新创作的文学作品印刷出版，在图书博览会上和书店里销售。著名藏书家的私人图书馆也对有兴趣的研究者敞开大门。到了 16 世纪末期，关于亚洲的很多具体材料非常容易获取，作者和观察家开始思考海外扩张对他们自身、对他们的学科、

---

① ［美］唐纳德·F. 拉赫著，姜智芹译：《欧洲形成中的亚洲》第 2 卷第 2 册，第 45 页。

② 参见杰恩、约翰逊《拉姆利图书馆书目》（S. Jayne and F. R. Johnson, *The Lumley Library: The Catalogue of* 1609），大英博物馆 1956 版，pp. 2 - 9.

③ 拉姆利图书馆藏有三个版本，其一是英文手稿，另外两本是 1537 年在威尼斯出版的意大利文版和 1569 年英文版。

对他们的国家和文化所具有的意义及价值。①

## 第二节　近代早期英文印本里的中国记述

同欧洲人一样，英国人认识中国，也是一个逐渐的过程。1255 年，英国哲学家罗杰·培根（Roger Bacon，1214—1293）在其拉丁文版《大著作》（*Opus Matus*，约 1266）中引用了自己与鲁布鲁克在巴黎谈起的东方见闻，这是目前所知，英人著作里首次提及中国和中国人。② 曼德维尔（Sir John Mandeville）、哈克卢特、珀切斯（Samuel Purchas，1557？—1626）等人在自己的游记中侧重东方游历，尤其是中国部分的描写。16 世纪开始，英国出版商迎合国内需求，将早期欧洲流行的《中华大帝国史》《中国哲学家孔子》《中华帝国全志》等"中国著述"直接英译刊行。之后，拉雷、培根（Francis Bacon，1561—1626）等英国学人自己著述立说时多次提到中国，莎士比亚等剧作家在舞台剧写作中增加中国元素的桥段，墨菲等人开始改编《中国孤儿》等中国戏剧，这些都从不同程度上加深了英国社会对中国的了解，中国的形象日益清晰可见，不再是那个遥不可及的东方国度。

### 一　近代早期英人的"中国著述"

#### （一）中国赞歌的发轫——《曼德维尔游记》

《曼德维尔游记》（*The Travels of Sir John Mandeville*），亦称《东方见闻录》，据称由英国人曼德维尔撰写，是一部极富想象力的虚构东方和中国的游记，出版后影响了哥伦布等欧洲探险家，激发了英国近代作家诸如莎士比亚、笛福（Daniel Defoe，1660—1731）、斯威夫特（Jona-

---

① ［美］唐纳德·F. 拉赫著，姜智芹译：《欧洲形成中的亚洲》第 2 卷第 2 册，第 75 页。
② 葛桂录：《中英文学关系编年史》，第 2—3 页。

than Swift，1667—1745）、柯勒律治（Samuel Taylor Coleridge，1772—1834）等人的创作灵感。① 原著手稿为法文，一般认为大约在 1357 年面世，有拉丁文、英文、德文、意大利文等手抄译本。② 唐纳德在《欧洲形成中的亚洲》指出，该书目前留存的手稿、印刷本大约有三百种，风靡程度不输《马可·波罗行纪》。③ 从 1499 年英文首版在英国出版，到 17 世纪末，该书仅英文版本已有 9 个，据《拉姆利图书馆目录》（1609），拉姆利（Lumley Library）藏有三种《曼德维尔游记》，其中一本为英文手稿，另一本是 1537 年威尼斯出版的意大利文版，一本是 1568 年的英文版。④ 从中世纪末至近代，《曼德维尔游记》一直畅销不衰，数百次印刷，充当了当时英人、欧洲人的东方旅游指南。⑤

此书相传为英国文学史上第一部散文作品，游记中的曼德维尔正是英国散文始祖约翰（John the Beard）的托名。约翰本人是一个博学多识的学者、医生、语言学家，也是一名虔诚的基督徒。出于对周遭世界的强烈兴趣，这位从未出过远门的旅行家坐在椅子上创作了这一部《曼德维尔游记》，为欧洲展现了一幅清晰的东方画卷。游记所写的旅程，经由耶路撒冷到印度及其他岛屿和国家，第 63 至 79 章描写中国，该书流传范围广，读者甚多，是早期西方人幻想东方及中国观的见证，对西方文学产生了深远影响，成为此后 200 年关于东方最重要和最具权威性的经典。曼德维尔因此被 18 世纪英国文坛领袖约翰逊誉为"英国

---

① 该书作者目前学界有四种说法：（1）约翰·曼德维尔，英国人，在英国撰写；（2）让·布谷尼（Jean de Bourgogne，据称为曼德维尔的笔名），英国人，在欧洲大陆撰写；（3）让·布谷尼（真名），英国人，在欧洲大陆撰写；（4）让·勒龙修士（Jean de Long），法国人，在法国撰写。目前学界更多倾向于作者为英国人的说法。参见 Nicholas Koss, *The Best and Fairest Land：Images of China in Medieval Europe.* Taipei：Bookman Books, Ltd., 1999, pp. 145 – 149.

② 目前学界对手稿面世时间尚未达成一致意见。

③ ［美］唐纳德·F. 拉赫著，姜智芹译：《欧洲形成中的亚洲》第 2 卷第 2 册，第 84 页。

④ 参见 S. Jayne and F. R. Johnson, *The Lumley Library：The Catalogue of 1609*, London：1956, items 1258、1260、1269.

⑤ 参见 ［韩］朱京哲著，刘畅、陈媛译《深蓝帝国——海洋争霸的时代 1400—1900》，北京大学出版社 2015 年版，第 48 页。

散文之父"。

葛桂录在其《中英文学关系编年史》中，综合学者们的研究考辩，认为曼德维尔的故事有以下几个来源：马可·波罗的《行纪》，博韦的文森特（Vincent of Beauvais, c. 1190 – 1264?）的《世界镜鉴》（*Speculum Maius*），柏郎嘉宾的《蒙古行纪》，鄂多立克的《东游录》，海敦亲王（Haiton the younger）的《东方史鉴》，以及流传甚广而实系他人伪造的长老约翰（Prester John）的信（*The Letter of Prester John*）。曼德维尔引用和借用了上述资料，并在此基础上充分发挥自己的想象力和创作力，杜撰了关于遥远国度的奇珍异兽、矿产物产，以及不同族群的外貌、语言、风俗和信仰等细节。曼德维尔的生花妙笔将历史与传奇融合，将想象与欲望紧密相连，构造出人们心目中的乌托邦世界。"《曼德维尔游记》的力量在于它扰乱了确定性，因为它创造了一个文本空间，在这个空间里，关于世界的各种不同观点是互相贯通的。"① 所以，尽管此书中所述关于蒙古和契丹的知识基本脱胎于以上东方游记，但英国文学里的中国赞歌实由此发轫。他对中国文化甚为景仰，以为大汗的政治、经济乃至礼仪诸方面，欧洲各国无可望其项背。②

### （二）《坎特伯雷故事集》首次援引中国文学形象

素有"英国诗歌之父"之称的乔叟（Geoffrey Chaucer）在《坎特伯雷故事集》（*The Canterbury Tales*）（1387—1400）的《侍从的故事》（*The Squire's Tale*）中塑造了鞑靼国王康巴汗（Cambuscan）形象。故事中的康巴汗勇敢、贤德、富有、守信、仁爱、公正、稳健，像大地的中心一般；又年轻活泼、坚强善战，如同朝廷中一名勇士。他有两个儿子，长子阿尔吉塞夫（Algarsyf），幼子康贝尔（Cambalo），又有一个最

---

① I. M. Higgins, *Writing East: The "Travels" of Sir John Mandeville*, Philadelphia: Unversity of Pennsylvania Press, 1997.

② 葛桂录：《中英文学关系编年史》，第5页。

小的女儿加纳西（Canace）。有一天，来了一个勇士，骑着一匹铜马，手中拿着一面宽大的玻璃镜，大拇指上戴着一枚金戒指，身上挂着名剑。原来这是勇士带来的四种神奇无比的法宝，任何人骑到铜马上便可以到任何地方去，玻璃镜能使你洞悉别人的想法，金戒指能使你听懂鸟禽的语言，名剑能为你医治任何创伤。后来，阿尔吉塞夫骑着铜马，立下赫赫战功。加纳西因为有了玻璃镜、戒指和名剑，发现了一只被雄鹰抛弃的仓鹰，将它医治好，养育长大……①如此新奇的东方故事让英国人耳目一新，心驰神往。

此外，乔叟在翻译《哲学的安慰》（*De Consolatione Philosopiae*）中也曾提到"赛里斯国"，即"丝绸之国"的中国。只是，乔叟的笔下除了几个专有名词，东方的实物并不多。

### （三）拉雷对中国文明的赞扬

1614年，英国著名人文主义历史学家瓦尔特·拉雷的代表作《世界史》（*History of World*）出版。拉雷在书中对中表示赞赏国的文明："关于一切事物的知识最早都来自东方，世界的东部是最早由文明的，有诺亚本人做导师，乃至今天也是愈往东去愈文明，越往西走越野蛮。"并盛赞中国高度的文明："早在埃及人与腓尼基人以前很久，中国人就有了文字；而当希腊人还没有任何文明知识及文字的时候，中国人就有了印刷术。葡萄牙人与西班牙人都已经证实，这是正确的，他们发现这个王国约一个世纪，现在正在那里做着规模更大的生意，照中国人的说法，所有其他民族同他们相比都不过是野蛮人。"

### （四）《珀切斯游记》

塞缪尔·珀切斯是英国传教士、地理学家，出生于英格兰东南部的

---

① ［英］乔叟著，张弓译：《坎特伯雷故事集》，北方文艺出版社2015年版，第131页。

艾克塞斯（Essex），他从一开始就喜欢游记文学，称曼德维尔是"世界上最伟大的游历亚洲的旅行家"，著有七卷本的各国游记。① 1625年出版四卷本《珀切斯游记》（*Hakluytus Posthumus or Purchas his Pilgrimes，contayning a History of the World in Sea Voyages and Lande Travells*），这是在广泛搜集、整理欧洲各国的东方游记基础上编撰而成。这部游记几乎集合了当时刊行的所有关于东方的旅行游记，从马可·波罗到哈克卢特，再到利玛窦的书都囊括其中，它丰富和拓展了英人对远东的了解和印象。珀切斯也被认为是"哈克卢特在17世纪的继承者"，对后世英国作家的文学创作具有重要的借鉴意义。② 英国诗人和评论家柯勒律治有感于《游记》中收录的元代故事，创作了千古名篇梦幻诗《忽必烈汗》（*Kubla Khan*）。而《游记》中提及的贪食鸦片的危害，也让柯勒律治了解到鸦片和鸦片瘾："他们（在非洲和亚洲的游历者）以为我不知道火星和金星在那点上交合和发生作用。其实一旦食用，就会每天处在死亡的痛苦之中。"③

## （五）培根与中国

培根曾多次在著作中提到中国。1605年，他在《学术的进展》卷二中，探讨了汉语作为通用文字的可能性。他说：

> 在中国和一些远东国家采用一种真实字符书写，它既不表示字母，也不表示词组，而只是表示事物和概念。在这些国家和省份之间，难以通过口语交流，但是可以阅读彼此的书面文字，因而在当地，这种真实字符比语言使用更广泛。我们完全可以怀疑汉语是否

① ［美］唐纳德·F. 拉赫著，姜智芹译：《欧洲形成中的亚洲》卷2第2册，第488页。
② ［美］唐纳德·F. 拉赫著，姜智芹译：《欧洲形成中的亚洲》卷2第2册，第488页。
③ ［美］柯勒律治起初为了缓解自己的风湿病痛开始吸食鸦片，虽然他了解到鸦片的危害，依然没能戒烟成功。

能变成大家的，因此他们有许多字符作为基本的字根。①

这里，他宣称汉字是一种真实的字符，它所表达的事物之间的关系是人为约定的，正是这一特征使汉字能被不同地区不同民族的人们使用。

另外，培根在《新工具》(*New Organum*, 1620) 中也提到中国的事情。他说中国人使用火炮已有两千多年历史。其中一段论述指南针、火药和印刷术对欧洲影响的话非常有名："发明的力量、效能和后果，是充分观察出来的，这从雇人所不知，而且来源不明的俨然是新的三项发明中，表现得再明显不过了，即印刷术、指南针和火药。因为这三项发明已经改变了整个世界的面貌和事物的状态，第一种发明表现在学术方面，第二种在航海方面，而第三种在战争方面。从这里又引出了无数的变化，以致任何帝国、任何教派、任何名人在人类生活中似乎都不及这些机械发明有力量和有影响。"

1626 年，培根以幻想游记形式写成《新大西岛》(*New Atlantis*)。书中提到所罗门国王谈到中国的瓷器："我们在不同的土层中埋藏东西。这些洞壁用黏土和瓷土的混合物涂抹，就像中国人给瓷器上釉彩一样。"②

### （六）蒙迪的《亚洲旅行记》

1637 年，英国的约翰·韦德尔船长率领 3 艘大船 1 艘小船首次抵达广州，与中国军队进行了武装冲突，最后带着不愉快离开广州口岸。这次冒险活动被韦德尔船队上的英国商人彼得·蒙迪（Peter Mundy，1660—1667）以日记的形式记录下来，文字配图的形式编辑成册，收入《彼得·蒙迪欧洲、亚洲旅行记》(*The Travels of Peter Mundy in Europe*

---

① ［英］弗朗西斯·培根：《学术的进展》(Francis Bacon, *The Proficiency and Advancement of Learning*)，p. 120。
② 葛桂录：《中英文学关系编年史》，第 23 页。

*and Asia*）。该书五卷，1907 年才被整理出版，1936 年全部出齐，与中国相关的内容在第三卷第一部分（1919 年出版），选材广泛、庞杂，结构稍显松散，重点描写了英人与葡人在对华贸易上的接触和冲突，其实，韦德尔一行并没有机会与中国的行政管理层接触，但是看到了中国沿海地区军事布防的弱点。[①]

### （七）威廉·丹皮尔的《新环球航海记》

1697 年，威廉·丹皮尔（William Dampier，1615—1715）的《新环球航海记》(*A New Voyage around the World*)　在伦敦出版。故事从 1679 年丹皮尔离开英格兰开始，直到 1691 年回国结束，共 20 章，有关中国的内容集中在第 15 章，章节题目为"他到达中国沿岸的圣约翰岛（Island of St. John），到达台湾岛旁边的皮斯喀多尔群岛（Isles Piscadores near Formosa）；以及台湾岛和吕宋岛之间的巴希岛等"。

1687 年 6 月，丹皮尔航行到中国沿海，在圣约翰岛上岸。该书对岛上的地理、风物做了大致的介绍之后，着重描写了岛上的居民。[②] 丹皮尔还赞美了中国的陶瓷、漆器、丝绸，以及造船工艺等。令他十分惊讶的是，中国的穷人也能喝茶。[③] 但他同时也注意到中国人赌博、狡诈等恶习。总之，丹皮尔游记里对中国情况的描述相对客观，基本符合当时的中国形象。

## 二　近代早期欧洲"中国著述"的英译本

16 世纪中后期，英国作家对东方知识的渴望日益明显，特别是随着对中国认识的不断加深，英国作家开始在作品中脱去中国的神秘性，更多的在现实层面上表现中国。哈克卢特将其《航海全书》第一版

---

① 葛桂录：《中英文学关系编年史》，第 24 页。
② 葛桂录：《中英文学关系编年史》，第 39 页。
③ 葛桂录：《中英文学关系编年史》，第 40 页。

（1586 年）增订出版，第二版（1598—1600）增加了许多东方新见闻。中国人依然是不同于欧洲民族的种族，却不再是像鞑靼人那样被妖魔化的对象。长久以来，英国人一直在寻求一条通往契丹或者中国的航线，以猎取财富，因而，英国人显然不可能再视中国人为野蛮人。到了 16 世纪末期，英人眼中的中国人已经是一个文明程度较高，且经济比较发达的民族，许多作家也怀揣着期待，希望以自己的笔杆创造某种与中国相遇的方式。

## （一）门多萨《中华大帝国史》英译本出版

1585 年门多萨《中华大帝国史》西班牙文首版在罗马的比森提诺·阿克提印刷所刊印，次年，于马德里再版。① 1588 年，英文版和法文版同时出版，表明英国同时期对中国的关注度并不逊于欧洲大陆国家。时为西班牙语翻译的罗伯特·帕克（Robert Parke，？—1689?）在哈克卢特的积极鼓励下完成翻译工作，以《大中华帝国历史以及那里的形势：巨额财富、大城市、政治政府和珍稀的发明》(*The historie of the great and mightie Kingdome of China, and the situation therefore：Together with the great riches, huge cities, politike government, and rate inventions in same*) 为题名，由约翰·沃尔夫（John Wolfe）出版社于伦敦出版，受到英国读者追捧。由于市场供不应求，1589 年沃尔夫不得不再版。《中华大帝国史》的英译本极大地丰富了英国人的东方知识。1595 年，《中华大帝国史》荷兰文版在阿尔科莫尔（Alkmeer）和阿姆斯特丹同时刊行。

该书首次以学术著作的形式将一个相对而言比较真实的中国呈现在英人面前，成为英国早期汉学的启蒙著作，对 16 世纪英人形成初期正确的中国印象起了重要作用。首先，《中华大帝国史》丰富了英人的东方地理知识，使英国各阶层有机会了解到相对真实的中国，同时更新了

---

① 由书商布拉斯·德·罗布莱斯在克里诺·赫拉尔多印刷所再版，此版本印刷精良，堪称《中华大帝国史》众多版本中的善本。

英国学者的中国印象。在当时的英国，主要有两类读者特别关注《中华大帝国史》，一是意大利化的贵族，二是支持英帝国主义的所谓进步团体。他们正是启蒙英国思想，推进英国域外扩张的主力军。译者帕克的评论真实反映了他们的中国观："他们（中国人）是伟大的发明者，他们有许多海船，完全能够驾驭造船工业，这是许多人亲眼目睹的事实。"①《中华大帝国史》为英人提供了 16 世纪中期所能搜集到的有关中国的详尽信息，1588 年、1589 年连续两次再版，由此可见该书在英国的风靡程度，也说明彼时英国社会对中国资讯的渴望与需求。其次，《中华大帝国史》涉及的地点争议刺激了英国海外探险活动的发展。例如，契丹（Cathaia）和中国（China）是否是一地的两种不同名称的论争，无形中拓展了英人的东方地理知识。门多萨之前，英人出于独占与契丹贸易利润的目的而探险找寻通往东方的航线，而门多萨笔下富饶辽阔的中国远胜于契丹，给英人更强的物质刺激。英人利用《中华大帝国史》记载的中国知识，继续东方探险活动。最后，《中华大帝国史》成为英国学者研究中国文化的最佳参考书，堪称英人研究中国最为翔实的资料库。该书对中国印刷术、火炮等科技文化的介绍让英人对中国刮目相看，为以后的英国汉学家打下研究基础。其中对中国语言文字的介绍成为韦伯（John Webb）、培根等 17 世纪的英国学者研究汉语的基础。②

## （二）儒学经典英译本

明清之际来华的耶稣会会士历来重视中国儒家经典的翻译，一则向欧洲大陆介绍中国文化，二来可为自身中文学习的工具。1593 年，意大利耶稣会会士罗明坚（Michele Ruggieri，1543—1607）将《大学》翻

① Frank L. Huntley, Milton, *Mendoza, and the Chinese Landship*, Modern Language Notes, 1954 (6), pp. 404 – 407.

② Qian Zhongshu, *China in the English Literature of the Seventeenth Century*, p. 379.

译出版，虽然只是节译，却是"四书"第一次被译为欧洲语言。后来，金尼阁将"五经"译成拉丁文，题为 *Pentabiblion Sinense*，1626 年刊印于杭州。之后，耶稣会会士郭纳爵（P. Ignace da Costa，1599—1666）将《大学》译成拉丁文，1662 年，殷铎泽将其以《中国智慧》（*Sapientia Sinica*）① 为题名刊刻于江西建昌府。1667—1669 年，由殷铎泽（Prospero Intorcetta，1626—1696）主译、与其他 16 位耶稣会会士合作完成的《中庸》（*Sinarum scientia politico - moralis*）拉丁文译本于广州、印度果阿两地刊行。② 1687 年，比利时耶稣会会士、时任中国教会的欧洲代理人的柏应理与殷铎泽、郭纳爵、鲁日满（Francisco Rogemont）及恩里格等人合作，将传教士在中国、印度出版的各种译本汇集起来，共同编译成《中国哲学家孔子》（*Confucius Sinarum Philosophus*，拉丁文）献给法王路易十四，并于巴黎出版。③ 1688 年法国人彼埃尔·萨夫亥（Pierre Savouret）编译出版《中国孔子的道德观》（*La morale de Confucius，Philosophe de la Chine*）。1691 年英人蓝登尔·泰勒（Randal Traylor）据柏应理、彼埃尔两种译本为蓝本，改编为英文版《中国哲学家孔子的道德》（*The Morals of Confucius，A Chinese Philosopher*）。该书刊行后多次再版，为英人了解孔子和中国的提供了信息参考。

《中国哲学家孔子》是中国的精神世界、哲学思想在欧洲第一次系统地出版，成为 17 世纪欧洲人研究儒学的重要文献。全书分四大部分：柏应理上法王路易十四书，论原书历史及要旨，孔子传，最后是《大学》《中庸》《论语》译本。该书向欧洲人介绍了儒家经典，举要者注疏，便于欧洲学人理解与接受。柏应理在序言中对全书做了全面的介绍，并附一份儒学书目和一张孔子画像。这是"孔子形象第一次被传

---

① 国内目前只有上海图书馆徐家汇藏书楼藏有残本，为《论语》前五章，入选第五批《国家珍贵古籍名录》。

② 周振鹤：《"四书"的西译》，《东方早报》2004 年 6 月 28 日。

③ 又译《西文四书直解》。

到欧洲,此书把孔子描写成了一位全面的伦理学家,认为他的伦理和自然神学统治着中华帝国,从而支持了耶稣会士们在近期内归化中国人的希望"①。这里,孔子被描写成自然理性代言人和传统文化的守护者,成为英国启蒙运动的思想武器。这部著作的突破性在于对中国的记载不再是物质层面,而开始走向哲学思想和道德层面,书中全面系统地向欧洲人展示了中国文明的重要组成部分——儒家思想,堪称来华耶稣会会士贯彻利玛窦"适应政策"的最高成就。②

### (三)安文思《中国新史》英文版

葡萄牙籍传教士安文思(Gabriel de Magalhães,1610—1677),字景明,生于科英布拉州佩德罗加斯村,是葡萄牙航海家麦哲伦后裔。③安文思自幼受叔父影响虔诚事主,后就读于科英布拉大学内的耶稣会书院,17 岁加入耶稣会。1634 年他启程东行,3 月 21 日到达印度果阿,1637 年 6 月 11 日到达马六甲。1639 年到澳门,在圣保禄学院授课。1640 年,应毕方济(Francesco Sambiasi,1382—1649)邀请来华,至杭州学习中文。④ 1642 年,安文思向中国副省会长傅泛际(Francisco Furtado,1589—1653)请求赴四川协助利类思(Ludovic Bugli,1606 – 1682)教务。⑤ 同年 5 月 4 日他离开杭州,8 月 28 日抵达成都,与利类思共同从事传教工作。1643 年安文思完成了《江南四川行纪》,书中记录了杭州—成都行程的所见所闻,并将其寄回欧洲。⑥ 张献忠入川,据

---

① 龙伯格:《理学在欧洲的传播过程》,《中国史动态》1988 年第 7 期。

② 参见张西平《明清之际的东学西渐》讲座,详见 http://www.360doc.com/content/16/1113/19/31642712_606269194.shtml,2016 年 10 月 13 日检索。

③ 方豪:《中国天主教史人物传》中册称:"文思典出周公思先祖有文德者,故《周颂》有篇名曰'思文',文思为思文之倒。"宗教文化出版社 2007 年版,第 81 页。

④ [法]高龙鞶:《江南传教史》,辅仁大学出版社 2009 年版,第 188—189 页。

⑤ [法]费赖之著,梅乘骐、梅乘骏译:《明清间在华耶稣会士列传(1562—1773)》,上海光启出版社 1997 年版,第 262 页。

⑥ [法]费赖之著,梅乘骐、梅乘骏译:《明清间在华耶稣会士列传(1562—1773)》,第 290 页。

成都，安文思与利类思二位神父随群众逃亡山中。后被俘，被迫为张献忠制造天文仪器。张献忠被清军射死后，二人被清军俘获，由肃王豪格送往京师。从此安文思服务于清廷，受顺治优待，历经1662年教案，于1677年5月6日逝世，葬于阜成门外。①

安文思在北京旅居37年，对中国文化有较为深入的了解。1668年，他用葡萄牙文编撰了《中国十二特点》(*Doze excellencias da China*)，未刊稿，这部关于中国历史和基督教在华传教史的著作比较全面的介绍了中国的相关情况。1681年，时任中国教团总监的柏应理 (Philippe Couplet，1624–1692) 奉命返回欧洲时将这部书稿带到罗马呈递主教，后有法国传教士克劳德·贝尔努 (Abbé Claude Bernou) 奉主教之命将其译成法文并加了注解。1688年，法文版以《中国新志》(*Nouvelle relation de la Chine Contenant la description des particularitez les plus considérables de ce grand empire*) 为题名在巴黎发行，除将原文分章外，法译者还根据其他同时期的资料，诸如汤若望、南怀仁、卫匡国等人的信札、著述等，加以注释。1689年，英人奥格尔比 (John Ogilby) 将其由法文译成英文，题为《中国新史》(*A New History of China...*) 在伦敦出版，包括对政治体制、城镇和百姓风俗习惯等描述。1957年，澳门出版自法文翻译的新葡文版《中国新志》(*Nova Relação de China*)，其中对法文版一些名词补充了中文注释。②

该书分21章，介绍了中国的历史、语言、政治、人民习俗、北京和皇宫等。由于安文思本人对汉语的研究颇深，其中第四章"关于汉字和汉语"部分有详细的分析。全书通俗易懂，具有较强的可读性，对于中国历史和文化在欧洲的普及方面起到了重要作用，被认为是

---

① 安文思生平经历参见［葡］安文思著，何高济译《中国新史》，大象出版社2004年版，中译者前言，第1页。

② 参见［葡］安文思著，何高济译《中国新史》，中译者前言，第2页。

"17 世纪后半叶最全面最富有见解的中国介绍和评论"①，与金尼阁的《利玛窦中国札记》（1615），曾德昭的《大中国志》（1642），以及卫匡国的《鞑靼战纪》（1654）、《中国新图志》（1655）、《中国上古史》（1658）等"中国著述"一起成为 17 世纪关于中国知识的最重要来源。计翔翔认为这部著作是西方早期汉学第一发展阶段的一个总结和第二发展阶段的起点，甚至认为它已经走出了传教士汉学的框架。②

### （四）《好逑传》的英译本

在浩如烟海的中国明清小说宝库中，清代中篇小说《好逑传》并不是很有影响力的一部才子佳人小说，但在中国小说外译史上，却有着非常重要的地位。《好逑传》作者署名"名教中人"，全书 4 卷 18 回，讲述了侠士铁中玉与才女水冰心曲折的爱情故事。与近代欧洲刊行的其他中国译著不同的是，《好逑传》首先被译成英文然后再转译成德文、法文、荷兰文出版，在英译本诞生之后半个世纪里被西方学人奉为文学经典。1761 年 11 月 14 日，英国学者托马斯·珀西翻译的《好逑传》四卷本全译本在伦敦出版，题为《好逑传或愉快的故事》。③ 实际上，珀西译本一部分是在英国东印度公司职员詹姆斯·威尔金森（James Wilkinson）翻译的《好逑传》基础上补译、编辑而成。珀西译文为了迎合英国读者的阅读习惯，将《好逑传》的章回体改为章节翻译，每个章回分为两至三个章节，最终四卷十章。珀西版向英国读者介绍了中国作家的文学创作，一方面通过文学作品向西方人描述了中国人的日常生活场景，另一方面也希望借助中国故事来劝诫英人向善。

---

① ［美］唐纳德·F. 拉赫、埃德温·范·克雷著，周宁等译：《欧洲形成中的亚洲》，第423 页。

② 计翔翔：《十七世纪中期汉学著作研究——以曾德昭〈大中国志〉和安文思〈中国新志〉为中心》，上海古籍出版社 2002 年版，第 37 页。

③ *Hau Kiou Choaan or The Pleasing History*. A translation from the Chinese language, to which are added，Ⅰ. The argument or story of a Chinese play，Ⅱ. A collection of Chinese proverbs, and Ⅲ. Fragments of Chinese poetry. London：Printed for R. and J. Dodsley, 1761.

在珀西英译本基础上，1766 年被转译成德文和法文在莱比锡和里昂出版，次年被转译成荷兰文于阿姆斯特丹发行。① 1829 年，英国皇家学会会员戴维斯再次将《好逑传》重译为两卷本，以《幸福的结合》（*The Fortunate Union*）为题名于伦敦刊行。法国学者达西以此为本，将其译成法文，1842 年在巴黎出版。据不完全统计，仅 18 世纪下半叶，《好逑传》先后出现两种英文版，三种德文版，一种法文版。19 世纪至 20 世纪初，又有英、法、德、俄等新译本出现，总数 15 种左右。② 这部在中国古典小说史上不受关注的作品，成为第一部完整译成西文并在 18 世纪欧洲产生深远影响的中国长篇小说。"在十八、十九世纪的欧洲，如果你问一位学者或作家，他所了解的中国最优秀的小说是哪一部，那么，他一定会告诉你，是《好逑传》。"③

## （五）其他 "中国著述" 的英译本

此外，还有根据 Galeotto Perera 游记改编的《外省中国报道》（*Certayne Reportes of the Prouince China*）于 1577 年在伦敦出版，④ 该书选择了伊顿书中简洁而有趣的中国信息，如中国的地方政府、省份划分、风俗习惯、宗教信仰、考试制度等，结尾向读者渲染通过西北航道进入中国的好处。作者指出中国称其国家为 "大明"（Tamen），而非 "中国"

---

① Christoph Gottlieb Murr, Hoah KjÖh Tschwen, Di, dte angenehme Geschichte des Haoh KjÖh, 1766. 德文译者克里斯托夫·戈特利布·穆尔因为不懂原书寓意，将 "好逑" 误认为人名，所以小说题名变成《好逑传——好逑先生的快乐故事》。法文译名《好逑传：中国故事》（*Hau – Kiou – Choaan*, histoire chinoise, traduite de l'Anglois par M. Lyon：Benoit Duplain, 1766. Mingjiaozhongren；Thomas Percy, *Chineesche geschidenis, behelzende de gevallen van den heer Tieh – Chung – U en de jongvrouw Shuey – Ping – Sin*, Amsterdam, by de Erven van F. Houtuyn, 1767）。

② 参见李平《西方人眼中的东方文学艺术》，上海教育出版社 2004 年版，第 174 页。

③ 张弘，《〈好逑传〉在 18—19 世纪欧洲大陆的传播》，《文史知识》2006 年第 10 期。

④ Richard Willes, *Certayne Reportes of the Prouince China, Learned through the Portugalles ther imprisoned, and by the relation of Galeotto Perera, a gentleman of good credit, that lay prisoner in that country many yeres*, London：Richar Iugge, 1577. 该书由理查德·威尔斯（Richard Willes）从意大利文转译而来。实际上，这部关于中国和中国人的著作是从理查德·伊顿（Richard Eden, ca. 1520—1576）搜集整理的一部关于东西印度及周边国家的书里节选而来，威尔斯将其重新编排而完成。

（China）。书中关于中国的描述，均译自意大利旅行家的著作。

1579 年，约翰·弗朗布吞（John Frampton）将艾斯凯朗特（Escalante）编著的游记《葡萄牙人赴中国统治下的世界东方文明学识之邦的航海游记》翻译成英文出版，书中介绍了中华帝国的一些重要风物。①

1671 年，墨西哥奥斯与维西罗伊大主教帕拉福克斯（Bishop Palafox）的《鞑靼征服中国史》由西班牙文译成英文刊行，该书记载了明清朝代更迭的历史，作者称赞清朝统治者仁义公正，改革内政，消除腐败。②

# 第三节　近代英国戏剧里的中国元素

如果说"中国著述"的传播更多的是在上层社会、名人学士之间，那么英国戏剧里展现的中国元素使得普通英国民众也有机会认识中国、了解中国，通过演员们惟妙惟肖的表演，英国人对中国文化有了更直观的认识。

1587 年，英国文艺复兴时期的著名戏剧家克里斯多弗·马洛（Christopher Marlowe，1564—1593）的《帖木儿大帝》（*Tamburlaine the Great*）（上篇）在伦敦公演，引起轰动。这是英国戏剧史上第一次出现中国元素，甚至早于莎士比亚戏剧创作。1590 年，出版商理查·琼斯将上下篇结集出版，扉页上印："帖木儿大帝，原系西亚的一个牧羊人，凭其罕闻的盖天战功，一跃而成为极其强大有力的君主，且（因其暴虐和恐怖的征服）为世人称作'上帝之鞭'。全剧为上、下篇，由

---

① John Frampton, *A Discourse of the Navigation which the Portugales doe make to the Realmes and Prouinces of the East partes of the Worlde and of the Knowledge that grows by them of great things, which are in the Dominons of China, written by Bernardine of Escalante, of the Realme of Galisia Priest*, London, 1579.

② Bishop Palafox, *The History of the Conquest of China by the Tartars*, London：Godbid, 1671.

海军提督剧团于不同日期在伦敦市的舞台上演出。现由理查·琼斯首次出版发行，霍尔本桥畔罗斯—克朗印刷厂印刷，1590 年，伦敦。"①

## 一 莎士比亚剧作中的"契丹人"

大约从 10 世纪初年起，欧洲人通称中国为"契丹"（Cathay），称中国人为"契丹人"（Cathayan, Cataian）。"契丹人"一词在莎士比亚戏剧里至少出现过三次。第一次在《第十二夜》（*The Twelfth Night*, 1599 – 1600）第二幕第三场里，托比爵士和几个同伙，在奥利维亚小姐的房子里，深更半夜寻欢作乐。小姐的侍女玛利亚跑去干涉，说："你们这样猫儿叫春似的闹些什么？要是小姐知道了，一定会叫管家马伏里奥把你们赶出家门。"托比听了不服，说："小姐是个契丹人；我们都是政界要人；马伏里奥是个昏头昏脑的家伙……"②

莎士比亚第二次提到"契丹人"是在《温莎的风流娘儿们》（*The Merry Wives of Windsor*, 1600 – 1601）第二幕第一场里，福斯塔夫（Falstaff）同时向两个中年妇女（福德太太和培琪太太）调情，同时把一封情书分别送给两人，弄得她们莫名其妙。下面是她们两人的一段对话。

> 福德太太：我要找那福斯塔夫。
>
> 培琪太太：我从来没有听说过这样一个拖拖拉拉、装腔作势的家伙。
>
> 福德太太：要是给我找到了底细，你看吧。
>
> 培琪太太：我就不相信这个契丹人的话，虽然城里的牧师还说他是个正派人。③

① 葛桂录：《中英文学关系编年史》，第 10 页。
② 参见范存忠《中国文化在启蒙时期的英国》，第 3 页。
③ 参见范存忠《中国文化在启蒙时期的英国》，第 4 页。

那么当时英国人眼中的契丹人是什么样子呢？英国学人乔治·史蒂文（George Steevens）在其《温莎的风流娘儿们校注本》（1766）中提到，"契丹人"（Cataian，Cathayan）是一个贬义词，意即"骗子、流氓、说谎者"。在伊丽莎白时代的戏剧舞台上，契丹人总是狡猾、诡计多端的形象出现。"小姐是个骗子"（My lady's a Cataian.），"我不愿相信这么一个狡诈的人"（I will not believe such a Cataian）。所以，朱生豪的汉译本里，将《温莎的风流娘儿们》中的"契丹人"译为"狗东西"，在《第十二夜》里译为"骗子"，① 之后，许多英文词典里，检索 Cataian 便有"贼、骗子、狡诈的人"② 的意思。20 世纪 70 年代，学者古斯塔·昂格尔（Gustar Ungerer）发表论文批评乔治·史蒂文等人的说法。③ 他列举了大量文献和史料，证明"契丹人"意为"开化的异教徒或外国人"。

同欧洲人一样，英国人对中国的了解也是逐渐深入的。莎士比亚在他的戏剧里，一般称中国为"契丹"，但在《一报还一报》（*Measure for Measure*，1604 – 1605）第二幕第一场中，出现了"中国"（China）一词。原文是对中国瓷器的颂扬："They are not China dishes, but very good dishes"，意即"尽管不是中国的，可的确是上等的餐具"④。

1604 年的新年元旦，一位普通观众不经意间说到："新年的一天晚上，我们观看了一出戏，演的是善良的罗宾，还看到一个中国魔术师戴了假面具。剧院大厅稍低的一头，搭起一个大蓬，我们这个魔术师从那

---

　　① 见朱生豪译，《莎士比亚全集》，《温莎的风流娘儿们》，第二幕第一场；《第十二夜》第二幕第三场。

　　② 按：伊丽莎白时期的英国人对中国了解甚少，根据当时的一些游记中的歪曲记载，以讹传讹，故对中国人有此贬称。词条见刘炳善编纂、储国蕾助编《英汉双解莎士比亚大词典》，河南人民出版社 2002 年版，第 159 页。

　　③ 转引自范存忠《中国文化在启蒙时期的英国》，第 4 页。古斯塔·昂格尔《我们小姐是契丹人……》，《莎士比亚研究概况》（*Shakespeare Survey*），第 32 卷（1979 年），第 85—104 页，特别是第 88—91 页。

　　④ 参见范存忠《中国文化在启蒙时期的英国》，第 5 页。

里走出来，就他出生的国家的性质对国王做了长篇大论的演说，并将他的国家的实力和资源与英国进行了比较随后他说他腾云驾雾，把几位印度和中国骑侠带来观看这个宫廷的宏伟场面。”① 这段表述揭示了重要的历史细节，印证了英国戏剧舞台上曾存在中国人的形象。

## 二 《赵氏孤儿》在英国的翻译与改编

在中国古典作品外译史上，《赵氏孤儿》占有重要一席。1929 年，陈受颐曾撰文《十八世纪欧洲文学里的“赵氏孤儿”》，列有 18 世纪欧洲的五个译本及改编本，即 1735 年杜赫德《中华帝国全志》中收录的马若瑟（Joseph – Henry – Marie de Prémare，1666—1736）法译本、② 1741 年英国剧作家哈切特（William Hatchett，1701—1760s？）的改编本《中国孤儿》、1755 年伏尔泰的法译本《中国孤儿》、1759 年英国剧作家墨菲的《中国孤儿》、歌德的未完稿《哀尔频那》（Elpenor）。③ 至 1834 年，儒莲（Stanislas Julien）新译本在巴黎出版，将其中的唱词都翻译出来了。据说马若瑟神甫当年“被这些唱词难倒了”，没敢翻译。儒莲完成了马若瑟未完成的事情，为《赵氏孤儿》外译本锦上添花。④

### （一）《赵氏孤儿》英译本

1759 年，英国剧作家墨菲改编的中国元杂剧《赵氏孤儿》在西方首次登台演出，以喜闻乐见的方式向西方人展示了中国文化。实际上，

---

① 转引自［法］艾田蒲著，许钧、钱林森译《中国之欧洲》，河南人民出版社 1994 年版，第 118 页。

② 《中国悲剧赵氏孤儿》（*Tchao chi cou ell，ou le petit – Orphelin de la Maison de Tchao，Tragédie chinoise*），刊于《全志》第 3 卷，1735 年版，第 339—377 页，1736 年版，第 417—460 页。1834 年出版了儒莲新译本《中国孤儿》（*L'Orphelin de la Chine*），巴黎。

③ 参见 Ch'en Shou – yi，"The Chinese Orphan：A Yuan Play，its Influence on European Drama of the Eighteen Century"，*THM*，Vol. Ⅲ，No. 2（1936.9）。

④ 儒莲译本部分参见［法］蓝莉著，许明龙译《请中国作证——杜赫德的〈中华帝国全志〉》，商务印书馆 2015 年版，第 3 页。

在此之前，《赵氏孤儿》在西方已经有不同的改编本。最早是 1734 年，巴黎《水星杂志》上发表的《赵氏孤儿》节译本。第二年，杜赫德的《中华帝国全志》四卷本中登载了《赵氏孤儿》的法文翻译，译者正是在华传的耶稣会士马若瑟。虽然马若瑟的译稿并非《赵氏孤儿》的全部，而是经过删减，但是这部剧作仍然具有十分重要的意义。既是第一部传入欧洲大陆的中国戏剧，同时也是 18 世纪唯一一部流传至欧洲的中国戏剧作品。随着杜赫德《中华帝国全志》在欧洲以德、英、意、俄等语言刊行，马若瑟不完整版《赵氏孤儿》也在欧洲广泛流传，不久就传到英国，一再转译。18 世纪在英国就有三个英文版本，除瓦茨和凯夫版本之外，托马斯·珀西也翻译出版了《赵氏孤儿》。他力求保存原作特点，实际上只是对凯夫版的润饰，二者基本相同。[①] 只不过，珀西的文字比较雅致，更迎合 18 世纪中期英国读者的品位，有助于《赵氏孤儿》在英国的传播。

### （二）改编本

《赵氏孤儿》传到欧洲之后，不仅引起批评家的注意，一些剧作家也很有兴趣。从 18 世纪 40 年代到 80 年代，欧洲先后出现了四五种改编剧本。最早的是哈切特的改编本，该剧题为《中国孤儿》(*The Chinese Orphan*)，1741 年伦敦出版。首页注明是根据杜赫德的《中华帝国全志》里一部中国悲剧改编，剧中依照中国式样，穿插了歌曲。[②] 虽然在此之前，中国式的场景、人物以及中国故事早就出现在欧洲戏剧里，但这是第一次对中国戏剧的改编。

哈切特之后，英国出现了另一个《赵氏孤儿》改编本，即谐剧作家墨菲（Arthur Murphy，1727—1805）改编本。二者来源相同，又有所

---

①　参见范存忠《中国文化在启蒙时期的英国》，第 127 页。转引自德博弥埃尔《法国歌舞喜剧院史》，1769 年，第 2 卷，323—324 页。

②　范存忠：《中国文化在启蒙时期的英国》，第 139 页。

不同。当时，伏尔泰出于对故事的兴趣，着手改编《赵氏孤儿》，并将剧名改为《中国孤儿》，墨菲版参考了伏尔泰的改编本，将故事时间从公元前 5 世纪的春秋时期后移了一千七八百年，将诸侯国内部的 "文武不和" 改为两个民族之间的文野之争。技术上，他依照新古典主义的戏剧规律，将故事的动作时间从二十多年缩短至一个昼夜。同时还简化了情节，将原剧中弄权、作难、搜孤、救孤、锄奸、报仇等段落缩减为搜孤救孤。并且遵循当时 "英雄剧" 的做法，加入了一个爱情故事。1775 年，该剧在巴黎上演，随之剧本出版。同年 11 月，伦敦发行翻印版，《每月评论》有详细介绍。① 同年 12 月，伦敦出现未署名的英译本。

1756 年 11 月，墨菲完成《中国孤儿》改编初稿，直到 1759 年 4 月才得以在伦敦剧院上演。演出成功后，墨菲发表了致伏尔泰的公开信。② 由信可知，他改编时的主要参考了马若瑟的《赵氏孤儿》法文版与英译本，赫德对《赵氏孤儿》的批评，伏尔泰的《中国孤儿》等材料，其中并未提及哈切特改编本。

墨菲版描写了中国抵抗鞑靼侵略的故事，即与伏尔泰一样，是一个民族抵抗另一个民族侵略的故事。1759 年 4 月 22 日，墨菲剧作在德鲁里兰剧院上演之时，临近伦敦舞台第一季演出尾声，截至 5 月中旬，仍然演出 9 场，可以说是一出成功的戏剧。演出成功一方面源于布景、服饰、道具等新颖别致，源于加立克与叶兹夫等演职人员的出色表演，另一方面也源于 50 年代末英国的政治局势。18 世纪 50 年代正值英法战争爆发，战争初期英国统治阶级派系纷争不断，政治巨头互相排挤，国内形势紧张。英王乔治二世已然风烛残年，人们寄希望于刚刚成年的乔治三世。墨菲政治上顺从福克斯（Henry Fox）领导的派系，在福克斯等人的推荐下，德鲁里兰剧院才接受《中国孤儿》排演。

---

① 范存忠：《中国文化在启蒙时期的英国》，第 153 页。
② 范存忠：《中国文化在启蒙时期的英国》，第 155 页。

墨菲版的演出对 18 世纪的英国社会具有鼓动和宣传意义，剧院演出的成功也使得《中国孤儿》走出英国，走上爱尔兰和美国的戏剧舞台。① 墨菲版并非欧洲最后一个改编本，却是英国最后一个《赵氏孤儿》改编本。

## 三　其他戏剧家的中国题材创作

### （一）本·琼生剧中的中国元素

1605 年，英国戏剧家本·琼生（Ben Johnson，约 1572—1637）演出了一部别开生面的喜剧《老狐狸伏尔朋》（*Volpone，or the Fox*），其中提到中国人。故事发生在威尼斯，描写了肆无忌惮、追逐私利的商人，唯利是图、粗暴无礼的丈夫，以及撒谎腐败的律师。剧中有一句台词："先生，我听说，/你们的猢狲的间谍，它们/是接近中国的狡猾的一群。"② 琼生在一部旨在讽刺新闻业的假面剧《新大陆新闻》（*News from the new world*）中，有一段关于一则在月球上发现了新大陆的对话，曾提及中国手推车（China wagons）：

> 信使甲（外勤记者）：那里的车辆很像贵妇人的脾气—随风转。
> 记录员（主笔）：妙，就像中国的手推车一样。③

### （二）明清鼎革之际的英国剧作

1644 年 3 月，李自成率军入京，之后崇祯皇帝煤山自缢，清军入

---

① 范存忠：《中国文化在启蒙时期的英国》，第 164 页。

② 原文是 I have heard, sir, / That your baboons were spies, and that they were / A kind of subtle nation near to China. 该剧于 1607 年出版。

③ First Herald：The coaches are much the nature of the ladies, for they go only with wind. Chronicler：Pretty, like China wagons.

关，明亡清立。清朝入主中原在欧洲产生了巨大反响，成为英国学人笔下时髦的中国题材。1674 年，埃尔卡纳·塞特尔（Sir Elkanah Settle，1648—1724）完成悲剧（*The conquest of China, by the Tartars*）的剧本创作，同年 1 月，该剧在伦敦伯爵剧院（The Duke's Theatre）公演。这是英国舞台上第一部以中国为题材的戏剧，塞特尔参考了卫匡国的《鞑靼战纪》、门多萨的《中华大帝国史》及纽霍夫（Johannes Nieuhof，1618 – 1672）的《荷兰东印度公司出使中国大鞑靼可汗皇帝》（*L'ambassade de la Compagnie orientale des Provinces Unies vers l'empereur de la Chine*, 1665）等著作，尝试以戏剧形式来讲述清兵入关、明朝灭亡的历史。故事分两条情节线索，一是复仇线，讲述清朝皇帝父王被汉人所杀，死后借鬼显灵说出真相，清帝于是汇合吴三桂率军南下，以报杀父之仇。二是爱情线，讲述清帝儿子顺治和一个汉族姑娘曲折的恋爱故事。当然，这并非历史戏剧，作者只是将"一些中国故事东拼西凑，编出一个当时流行的'英雄'剧"①。1676 年，《鞑靼中国征服记》于伦敦出版。②

塞特尔共写过 19 部戏剧，以英雄剧和歌舞剧为主。1692 年，他将莎士比亚《仲夏夜之梦》（*A Midsummer Night's Dream*）改成歌舞剧——《仙后》（*The Fairy Queen*），塞特尔穿插了中国布景，加上舞蹈、歌唱，呈现出一个东方莎士比亚。最后一幕有这样一段舞台指导：③

　　　　灯光渐渐暗了，只有一个进口处有人跳舞。于是音乐响了，台上灯光突然明亮起来，出现了一座中国花园的透明的景色。那里的建筑、树木、花草、果品、飞禽、走兽都和我们这里的大不一样。

--------

① 参见范存忠《中国文化在启蒙时期的英国》，第 121 页。

② Elkanha Settle, *The conquest of China, by the Tartars*, London: printed by Thomas Milbourn, 1676.

③ 葛桂录：《中英文学关系编年史》，第 38 页。

尽头处是一道拱门，从拱门一直望去可以看到别的拱门，那里有隐蔽的凉亭，一排树木伸展到视线的尽头。上面还有一座花园，一步一步上去，通到屋顶；花园两边有雅致的凉亭，有各色各样的树木；无数鸟雀在空中飞舞；平台上有一个喷泉，吐出来的水落在一个大盘子里。①

于是走进一男一女，歌颂中国人的生活，说是简朴、清静、有光、有花、有爱，无拘无束，纯任自然。于是树林里走出六只猴子，跳跃着。两个女子相对唱和。最妙的是，结婚女神也来了。② 那时，台上透出六根中国式的柱子，顶着六个大花盆，盆里种着中国的金橘。柱子一步一步地向前台移动。于是，进来了二十四个人跳着舞。结婚女神跟那两个女子齐声歌唱，称颂姻缘的美满。在色彩斑斓的歌舞声中，这部《仲夏夜之梦》改编本落下帷幕。③

同时期，对中国明清易代故事有兴趣的还有罗伯特·霍华德（Sir Robert Howard，1626—1698），他也创作了一部同名剧本——《鞑靼人征服中国》，并请他的姐夫，当时名声显赫的文豪约翰·德莱顿（John Drydon，1631—1700）予以改编，改编工作却囿于种种原因未能完成。

---

① 转引自范存忠《中国文化在启蒙时期的英国》，第123页。
② 相当于中国的月下老人。
③ 参见范存忠《中国文化在启蒙时期的英国》，第123页。

# 第三章　16—18 世纪英国学人的崇华观点

　　15—16 世纪的地理大发现之后，为配合海外扩张，欧洲各国耶稣会会士肩负着传播天主教义的使命，前仆后继的奔赴中华帝国，在以西方先进的科学技术服务于中国世俗社会的同时，也学习研究中国文化，著书立说，报道中国国情，向西方传播中国的文明。然而，中西两种思想文化并非单向传播，而是经历了多次冲撞与较量。早在西方科技东来之前，丝绸、茶叶、瓷器等中国风物便已传到欧洲，掀起了16—18 世纪的"中国热"思潮，对德法英等国的思想文化诸方面产生了深远影响。

　　在近代欧洲科学技术和思想文化的发展中，英国虽然没有法国那么具有代表性，但依然涌现出一批政论家和文化名流活跃在这个时代的政治和思想文化舞台上。如理查德·哈克卢特、罗伯特·伯顿（Robert Burton，1577—1640）、托马斯·霍布斯（Thomas Hobbes，1588—1679）、托马斯·布朗（Thomas Browne，1605—1682）、约翰·韦伯（John Webb，1611—1672）、约翰·洛克（John Locke）、戴维·休谟（David Hume，1711—1776）、约翰·弥尔顿（John Milton，1608—1674）、威廉·坦普尔爵士（Sir William Temple，1628—1699）、丹尼尔·笛福、奥立佛·哥尔斯密（Oliver Goldsmith，1730—1774）等。由于不同的生活境遇或者阅读视域的影响，这些在西方近现代史上做出过杰出贡献、名标青史的学人们对于欧亚大陆另一端的中华文明古国却持有褒贬迥异的态度。

# 第一节　对政治思想的借鉴：从哈克卢特到约翰逊

1588 年，经过 15 年的持续战争，英格兰终于战胜西班牙无敌舰队，但是旷日持久的战争对国力消耗很大，士兵质量和战斗力也是每况愈下。一方面是海外扩张的驱动，另一方面是战后恢复时期越来越多的英人试图从书籍中寻求慰藉，由此至 16 世纪末，英国掀起了一股旅游文学出版热。理查德·伊登（Richard Eden，约 1520—1576）、理查德·威尔斯（Richard Wiles，1546—1591？）和理查德·哈克卢特等人一方面出版游记和海外旅游文学译本，另一方面呼吁王室和英国商人及冒险家们开辟新航线、从事海外贸易。汉弗莱·吉尔伯特（Sir Humphrey Gilbert，约 1539—1583）、马丁·弗罗比舍（Sir Martin Frobisher，1535 或 1539—1594）、弗朗西斯·德雷克（Francis Drake，1540—1596）、约翰·霍金斯（Sir John Hawkins，1532—1595）、詹姆斯·兰卡斯特（Sir James Lancaster VI，约 1554—1618）和本杰明·伍德（Benjamin Wood）等从事海外冒险的事迹都被伊登和威尔斯报道过，也曾收录在哈克卢特编撰的《发现美洲及周边的游记汇编》（*Divers voyages touching the discouerie of America and the Ilands adiacent vnto the same*，1582 年）和《英国通过海路或陆路的重要航行，旅行记述和地理发现》（*The principall navigations，voiages，and discoveries of the English nations*，1589 年）。弗朗西斯·沃辛汉（Sir Francis Walsingham）在英国政府的资助下，编辑出版了大量探险故事，大肆渲染英格兰人在海上和陆上的英勇行为。16 世纪末英格兰的出版热潮激发了英人的爱国热情，虽然此时英国的海军实力远不如作品颂扬的那般勇猛。①

---

① ［美］唐纳德·F. 拉赫、埃德温·范·克雷著，周宁等译：《欧洲形成中的亚洲》，第 476 页。

## 一 哈克卢特的《航海全书》

伊丽莎白女王分别于 1593 年、1596 年派人携其亲笔信前往中国，试图交好，最终由于葡萄牙人的阻挠而未果。① 在此之前，1592 年英国舰队在阿速尔群岛附近截获了一艘葡萄牙商船，船上发现一本 1590 年在澳门出版的拉丁文书籍《关于日本使节朝拜罗马教廷的对话》(*De Missione Legatorum Iaponensium ad Romanam Curiam*)，内容是关于东方国家的情况介绍。英国地理学家哈克卢特认为这是"一种我认为是迄今为止发现的记载那些国家最准确的书"，他找人将书中关于中国的描述摘译出来，编入其《英国航海、旅行和地理发现全书》(*The Principal Navigations，Voyages，Traffiques，and Discoveries of the English Nation*) 第二版 (1598—1600 年)，简称《航海全书》。

哈克卢特，英国作家、翻译家、地理学家。1577 年毕业于牛津威斯敏斯特学院和基督教会学院 (Christ Church College)，英国地理出版业的主要创办人，曾坚决主张到北美开拓殖民地。他勤于搜辑，被比作"在那开着杂花的草地上最忙于钻穴打洞的鼹鼠"。1582 年出版《有关发现美洲的几次航行》(*Divers Voyages Touching the Discoverie of America and the Ilands Adjacent unto the Same，Made First of all by our Englishmen and Afterwards by the Frenchmen and Britons*)，1589 年出版《航行》(*Voyages*)、《航海要义》(*Principal Navigations*)、《大英民族的交通和发现》(*Traffiques and Discoveries of the English Nation*)。哈克卢特的编辑、出版活动不单单出于个人目的，更重要的是要激发英国效法欧洲大陆邻国的

---

① 1593 年伊丽莎白女王派商人约翰·纽伯里由海路前往东方进行试探性贸易活动，并交给他两封信，一封致印度莫卧尔皇帝，另一封致中国皇帝，不幸被葡萄牙人截获。1596 年女王派使臣本杰明·伍德 (Benjamin Wood) 同商人里查·阿伦和托马斯·布罗菲尔德等人携其亲笔信经海路前往中国，可是由于葡萄牙人和西班牙人的阻拦，这封信最终没能送达中国。参加张轶东《中英两国最早的接触》附录一，《历史研究》1958 年第 1 期；何茂春《中国外交史》，中国社会科学出版社 1996 年版，第 325 页。

成功做法，出资参与海外事业，为英国人谋求利益。

1598—1600年，他出版了更为翔实的三卷本。他译印此书时，并未提及原书作者姓名。实际上其作者是利玛窦、范礼安（Alexandre Valignani，1538—1606）、孟三德（Duarte de Sande，1531—1600）等。该书基本保留了拉丁文原本对中国国情的介绍，如中国的疆域、皇家税收、北部边防人口、政区、政府机构、官员考核和农业等情况。首次介绍了中国的儒学、道教和佛教，尤其详细地介绍了中国的科举制度，并特别指出：中国人注重文学高于一切，"一生大部分时间都花在那上面"，因为仅凭漂亮的文章就可以考中做官，因此孩子幼年"就请老师教书"；另外，官员的升迁也要靠他们的政绩，"而不管出身和血统"，这就使得中国"国家太平"。① 这可以说是西方人对中国文学和科举制度第一次发表品评，某种意义上，也是16世纪末欧洲人中国观的一个缩影。哈克卢特的《航海全书》摘译部分共30页，以三人对话的形式介绍中国，它对中国多方面进行褒扬，但也不乏理性分析。② 这可能是英国作家依据实际的中国材料（包括对中国文化典籍的认识）写的第一部作品，被誉为"一篇出色的关于中华帝国及其社会阶层和政府的论文"（An Excellente Treatise of the Kingdom of China，and of Estate and Government），书中对于中国的认识超出了16世纪其他同类的西方著作，被认为是伊丽莎白时代英国精神风貌的标志，问世后风靡一时，影响深远。英国人眼中的中国人已经是一个发展程度较高而且真实存在的民族，有关中国的知识随着这部著作一起流行，对当时英人认识东方新世界起到了激励和引导的作用。

## 二　伯顿开具的中国药方

罗伯特·伯顿，1577年出生于英国莱斯特郡，牛津大学学者，研

---

① 周钰良：《数百年来的中英文化交流》，《中外文化交流史》，河南人民出版社1987年版，第586—589页。

② 吴孟雪、曾丽雅：《明代欧洲汉学史》，东方出版社2000年版，第40—42页。

究领域广泛,以解剖学著称,其兄为英国古物学家威廉·伯顿
(William Burton,1575 – 1645)。他深居简出,充分利用牛津图书馆内
各类藏书,从大量的古今典籍中搜集资料,撰写成《忧郁的解剖》(*The
Anatomy of Melancholy*),全书分为三部分:何为忧郁,忧郁的不同种
类、原因、症以及治疗方法,其中既有关于忧郁症的医学论述,又谈及
人生问题等包罗万象的日常知识。① 题名页上有十幅 17 世纪早期流行
的寓言画,象征性地表现忧郁的各种症状及其主要特点。

伯顿认为,世上所有的政治、宗教、社会以及个人内心的种种矛盾
都可以归结为"忧郁",他提出了好几种"药方"来诊治,其中就包括
东方的中国文明。在他看来,繁荣富庶、文人当政、政治开明的中国正
是医治欧洲忧郁症的良药。他利用当时流行的早期游记和耶稣会会士提
供的中国报道,来反对一切时弊或描写各种精神疾病。他的大部分中国
知识来自于对《马可·波罗行纪》和《利玛窦中国札记》的阅读。书
中有三十多处提到中国,涉及的方面很多,特别赞赏勤劳整洁、彬彬有
礼的人民,良好的政府以及选拔人才的科举制度。② 其中有一段描述中
国科举选拔人才的文字:

> 他们从哲学家和博学之士中选拔官员,他们政治上的显赫来自
> 于品德的高尚。显赫是基于事业上的成就,而不是由于出身高贵,
> 古代的以色列就是这样……他们的老爷、高官、学者、硕士以及凭
> 自己德才升上来的人——只有这些人才是显赫之人,也就是被认为
> 可以治理国家的人。③

他借用利玛窦的讲述,赞扬中国人的勤奋上进来对照英国人的懒惰

---

① 详见杨周翰:《十七世纪英国文学》,北京大学出版社 1985 年版,第 69—105 页。
② 范存忠:《中国文化在启蒙时期的英国》,第 9 页。
③ Robert Burton, *The Anatomy of Melancholy*, Vol. Ⅱ (New York:1864), pp. 259 – 260.

无为。他还称颂中国的选拨人才制度，借此讽刺当时那些不务正业的英国贵族。他将中国的繁荣富庶与欧洲历史上的黄金时代意大利奥古斯都时期等量齐观，已经超越了中世纪欧洲人那种把中国看作一个神奇遥远国度的见识，而接近 18 世纪启蒙理性时代的看法。

## 三　约翰逊对中国政治体制的赞颂

约翰逊（Samuel Johnson，1709—1784），18 世纪中叶以后英国文坛的领军人物，两百年来在英语文化圈中一直享有崇高地位，卡莱尔（Thomas Carlyle，1795—1881）称其为"文人英雄"。有人说，他的才学和工作对促使英语成为世界语言功不可没；也有人说，他的伟大不是文章做得漂亮，而是妙擅应对属辞。1764 年，他在伦敦组织文学俱乐部，与同好共赏奇文，交换知识、思想和观点，影响了一代人的文学趣味和文化风尚。他的妙语雄辩为人传诵，他对中国文化的看法也影响了一部分英国人。[1]

就目前掌握的资料来看，我们尚无法确定约翰逊对中国发生兴趣的开始时间，可以知道的是，1733 年他在《阿比西尼亚游记》（*A Voyage of Abyssinia*）的英译本序言中，评价中国人是"最讲究礼貌并且对各门科学都很熟练"[2]。而约翰逊对中国更多的了解要从参与凯夫的《绅士杂志》编撰以后。1734 年 11 月，约翰逊第一次写信给凯夫联系工作，1737 年 3 月到达伦敦，其时，凯夫正忙于翻译杜赫德的《中华帝国全志》，凯夫采取节译的方法，以"中国故事"为题在《绅士杂志》连载，从 1736 至 1742 年间，先后发表 11 则中国故事，都是严父慈母、烈女忠臣一类的道德故事，"其中 1736 年五则，1737 年五则，1738 年

---

[1]　参见葛桂录《雾外的远音——英国作家与中国文化》，福建教育出版社 2015 年版，第 118 页。

[2]　Samuel Johnson, *The Oxford Authors*. Edited by Donald Greene, Oxford University Press, 1984, pp. 41 – 43.

一则"①。这些译文片段宣传了凯夫的翻译工作,同时也将中国的思想文物带给英国社会。据鲍斯韦尔(James Boswell)研究,1738年约翰逊曾经致信凯夫,其中一段说:"中国故事业经折好,你可以送去(付印),我不知道你对它还要做什么改动。"② 由此可见,约翰逊期间承担的不是翻译就是审校的工作。

约翰逊曾在《绅士杂志》上发表两篇关于中国的文章,一是1738年7月以读者的名义写给杂志编者的一封信,信中赞扬了中国人民,称"他们的古代文物,他们的宏伟、权威、智慧及其特有的风俗习惯和美好的政治制度,都毫无疑问地值得大家注意"③。关于对"中国故事"的读后感,约翰逊这样说:

> 当他读了中国圣贤们道德的格言和智慧的训导,他一定会心平气和,感到满意。他会看到德行到处都是一样,也会对那些胡言乱语的人更加鄙视;因为那些人断言道德不过是理想,而善与恶的区别完全是幻梦。

意即读过《中华帝国全志》之后,一方面中国人的道德观念使人满意,另一方面中国人的政治制度令人惊讶。

> 但是当他熟悉中国的政府和法制以后,他能享受新鲜事物所能引起的一切快感。他发现世界上有这样一个国家而感到惊奇。在那里,高贵和知识是同一件事;在那里学问大了,地位就高,而升等晋级是努力为善的结果;在那里,没有人认为愚昧是地位高的标

---

① 范存忠:《中国文化在启蒙时期的英国》,第70页。

② 鲍斯韦尔:《约翰逊传》(James Boswell, *Life of Samuel Johnson*),Edited by R. W. Chapman, Oxford University Press, 1980. p. 99.

③ *The Gentleman's Magazine*, Vol. V, p. 668.

志，或以为懒惰是出身好的特权。

当他听到那里有关忠臣的记载，会感到更加惊讶。那些忠臣虽似不很可信，但在那个帝国却一再出现，竟敢指出皇上对国家法令没有遵从，或在个人行动有所失误，以致危及自身的安全或人民的幸福。他会读到帝王听到了那种谏议，对大臣不冒火，不威吓，不训斥，也不以坚持错误为尊荣，而以中国帝王所应有的宽宏大量，心甘情愿地按照理性、法令和道德来检查自己的所作所为，而不屑使用自己的权力来辩护自己所不能辩护的东西。①

现在看来，约翰逊似乎是把中国的事物理想化了，但是如前文所说，在17、18 世纪的英国，诸如伯顿、坦普尔爵士等学者已经对中国的政治组织、道德标准以及文官晋级制度和监察御史制度大加赞赏。而且，以上引文还有其弦外之音，作者表面上谈中国，但实际上指向的是乔治二世执政期间英国社会的实情。他提到有些人不讲道德、不辨善恶而胡言乱语；以中国帝王广纳谏言来暗讽英王高高在上，不听进言，一意孤行等等。

相对于瓦茨的节译本，凯夫的翻译出版工作进展较慢，到 1741 年才全部印完，1742 年 3 月分上下册装订齐全，整体质量明显优于瓦茨译本。同年 6—9 月，约翰逊又在《绅士杂志》撰写第二篇评论文章。②文章共三部分，第一部分再次阐述凯夫英译本的正确可靠，还叙述了中国的历史年历系统；第二部分是孔子小传；第三部分介绍了《全志》的篇目。

约翰逊在《全志》上所做的校译、宣传、评论等工作，开阔了他的中国视野，激发了他对国外事物的兴趣。1749 年，他发表的《人类

---

① 转引自范存忠《中国文化在启蒙时期的英国》，第 71—72 页。
② 参见葛桂录《雾外的远音——英国作家与中国文化》，福建教育出版社 2015 年版，第 156 页。

的虚荣》一诗，开篇便是：

> 要用远大的眼光来瞻顾
>
> 人类，从中国一直到秘鲁。①

实际上，约翰逊不仅仅关注中国的政府和道德标准，他也接触过中国园林，也向往过中国的万里长城，也谈及中国的语言文字，晚年更是对中国饮茶情有独钟。

16—18 世纪，耶稣会士、多明我会修士、奥古斯丁会修士等来华传教士多数掌握汉语并凭借一技之长出入朝廷，他们传达的信息一方面影响了欧洲人对中国的认识，另一方面也向中国人传递着崇尚科学、艺术的西方基督教形象。《马可·波罗行纪》《利玛窦中国札记》《中华大帝国史》《中国近事报道》《耶稣会士书简集》等"中国著述"专注于介绍中国的国情，也致力于理想化中国官僚制度，对伯顿、约翰逊等英国学人的中国观产生了积极影响。

## 第二节　对中国风物的推介：从布朗到钱伯斯

中国和欧洲的交流，有物质和精神两个方面，在精神交流方面，来华耶稣会会士起到了重要的桥梁作用，而物质交流主要通过商贸来实现。17—18 世纪，欧洲大陆中国风（Chinoiserie）正隆，中国的瓷器、刺绣、园林、家具、服装、建筑等风靡于欧洲国家，在一定程度上改变了欧洲人的生活方式，对洛可可风格（Rococo Style）的诞生产生了一定影响。不得不说，同时期刊行的"中国著述"起到了推波助澜的作用。随着越来越多欧洲汉学著作英译本的发行，更多的英国人有机会阅

---

① 转引自范存忠《中国文化在启蒙时期的英国》，第 76 页。

读中国、了解中国。当时的英国作家，在欣赏中国的政治、思想、风俗、文化的同时，也有一部分学者诸如托马斯·布朗、坦普尔、钱伯斯（William Chambers，1723—1796）、蒲伯（Alexander Pope，1688—1744）、约翰逊、哥尔斯密、方妮·泊尼（Fanny Burney，1752—1840）等人对中国瓷器、园林造艺等中国风物产生兴趣，给予不同程度的关注。

## 一　布朗与中国瓷器制作工艺

1605 年，托马斯·布朗出生于苏格兰的柯库布里郡（Kirkcudbright County），是英国 17 世纪作家、医生、哲学家、联想主义心理学家，代表作有《流行的谬误》（*Pseudodoxia Epidemica or Vulgar Errors*）、《医生的宗教》（*Religio Medici*）、《瓮葬》（*Hydriotaphia，Urn Burial*）。后人在他的读书笔记里，发现他读过许多耶稣会会士的书信和游记，其中既有曾德昭的《大中国志》，也有平托和珀切斯的海外游记，所以他的著作里有许多关于中国的叙述。最著名的便是《瓮葬》，这本书主要论述埋葬及人的生死问题，在古代和各国有关丧葬习俗与信仰的章节里，谈到了中国人的丧葬习俗。[①]

当然，最令布朗感兴趣的是中国的瓷器制作技术。在瓷器西传的几个世纪里，欧洲人一直想了解中国人是如何从泥土中提取这种闪闪发光、铿锵作响的半透明物质的。而布朗则以科学理性的态度，试图澄清西方人关于中国瓷器制作的各种谬误。他在《流行的谬误》卷二（第五章）里专门论述中国瓷器的制作，他谈到门多萨亲身调查瓷器制作工艺，发现瓷器是由石灰土而并非蛋壳、龙虾壳、石膏等制作而成。鉴于医生的身份，布朗相信科学，尊重理性和事实，他不会轻信别人的说法，而是理性判断真伪之后，再去印证他人的第一手经验，所以才能识

---

① 参见葛桂录《雾外的远音——英国作家与中国文化》，第 76 页。

别各种谬误。①

## 二　坦普尔对中国的兴趣

17 世纪，英人对中国的钦羡在威廉·坦普尔爵士（Sir William Temple，1628—1699）身上臻于顶点。坦普尔爵士 1628 年生于伦敦，是英国政治家、外交家、散文大师。早年曾在剑桥大学等处就读，旅居海牙时读过马可·波罗、卫匡国和开意吉等人关于中国的著述，因而对中国有一定的了解。他崇敬中国的孔子，推崇中国的学者政府。他还别具慧眼的发现了中国园林的不对称之美，不自觉地缔造出后世风靡英伦的造园规则。

我们很难考证坦普尔从什么时候开始研读关于中国的书籍，但早在 1654 年，他与未婚妻奥斯本（Dorothy Osborne，1627—1695）的书信里，就已经提到平托的中国报导：

> 你是否看过一个葡萄牙人关于中国的故事？我想他的名字叫平托。如果你还没有看过，你可以把那本书带走。那是我认为我所看过的一本饶有兴趣的书，而且也写得漂亮。你必须承认他是个游历家，而且他也没有误用游历家的特权。他的花言巧语是有趣而无害，如果花言巧语也能够做到这样的话，而且就他所涉及范围而言，他的花言巧语也不是太多的。……如果我这辈子能够看到那个国家，并能跑到那里，我在这些方面要好好地把玩一番呢。②

《坦普尔文集》（三卷本）中有多篇涉及中国事物，如《讨论古今的

---

① 参见葛桂录《雾外的远音——英国作家与中国文化》，第 77 页。
② 穆尔史密斯（G. C. Moore Smith）：《奥斯本的书信集》（编订本），1947 年版，第 277—278 页。据穆尔·史密斯（G. C. Moore Smith）教授考证，奥斯本当年阅读的是 1628 年或 1645 年的法语译本，详见《奥斯本的书信集》，第 277—278 页。

学术》（One Ancient and Modern Learning）、《论伊壁鸠鲁花园》（Upon the Gardens of Epicurus）、《论英雄的美德》（Of Heroic Virtue）、《论民众的不满》（Of Popular Discontents）等。①《论英雄的美德》一文中，他把中国称为最伟大、最富有的国家，拥有世界上最优良的政治体制；盛赞孔子是最有智慧、最有学问、最有道德的人，孔子的学说是治理国家的正确原则；认为中国的科举制度有利于人才选拔。在《论民众的不满》中他又赞叹道："只有中华帝国那样历史悠久的政府，才能在最深刻和最智慧的基础上建立起传说中的那种政治。"②尤其值得一提的是，他认为中国的信仰可以分为士大夫的信仰和平民的信仰。坦普尔的材料大多来源于耶稣会会士，但他的文章不同于传教士的教会习气，累赘沉闷，而是轻松流畅，成为当时的畅销书。一般读者从他的书中得到关于中国和孔子的概念。17 世纪的文人，偶然谈到世界，总说"从巴黎到秘鲁，从日本到罗马"，而坦普尔则说"从中国到秘鲁"，这句话差不多是一般文人的口头禅。③

尤其值得一提的是对中国宗教信仰问题的看法，他认为中国的信仰可以分为士大夫的信仰和平民的信仰。此后法国思想家培尔和伏尔泰正是沿着这样的思路去看待中国人信仰。

坦普尔对中国的兴趣还有一个方面，那就是园林艺术。1685 年，他在《论园林》一文中对规则式园林进行了论述，其中最后几段提到不规则式的中国园林，这部分内容后来被 18 世纪作家一再引用，并在当时英国的园林布局上发生了作用。实际上，他在《论园林》里谈论的是荷兰式园林，文中谈到他在萨里（Surrey）的穆尔庭园，谈到设计和布置，果木、花卉、林荫、喷泉等，也谈到碧绿的过道和宽敞的平

①　William Temple, *The Works of Sir William Temple*, Vol. III, London：J. Rivington, 1814, p. 340.

②　Qian Zhongshu. *A Collection of Qian Zhongshu's English Essays*, p. 49.

③　参见葛桂录《雾外的远音——英国作家与中国文化》，第 139 页。

台，认为穆尔的式样最好，最能使人心旷神怡。在《论伊壁鸠鲁花园》一文中，他还提到了一个词"Sharawadgi"，即不讲规则、不讲对称又让人感到美丽的东西，[①] 是一种不正规的园林布置。在这种布置里，许多不协调的东西放在一起，但看起来也使人感到无比的舒畅。他认为，中国园林的美不在于整齐的布置和对称的安排，而恰恰在于不整齐的布局和不对称的安排，即不讲整齐，不讲对称，而又极其美丽。[②] 坦普尔本人无法想象，自己引入的"不规则之美"对后世的影响多么巨大。

## 三 奇彭代尔的《绅士与家具师指南》

17—18 世纪欧洲大陆掀起"中国风"（Chinoiserie）热潮，至 18 世纪达到顶峰。在英国，"中国风"先由宫廷贵族开始，逐渐蔓延全国。起初，中国茶叶、丝绸、漆器、刺绣等受到英人追捧，上流社会尤其对中国漆器情有独钟，给予很高的评价，也逐渐影响到英国本土的家具制作风格。为了迎合国内消费需求，英国的家具制作师引入东方家具的制作元素，临摹中式设计或者有选择的借鉴。

英国家具师初次将中国的花饰和漆绘融入本土家具设计，始于 18 世纪初安妮女王式家具（1700—1720）。结构上与以往家具基本一致，由多个抽屉和台座组成。造型上，它以柔和的曲线代替直线，椅子背板更为轻薄，弧形轮廓取代了棱角分明的外形；雕刻技艺上，深浮雕被浅浮雕和镶嵌工艺取代。虽然这种家具在工艺处理上较为粗糙，刷漆效果明显不如中国制作的家具那么精美，装饰上的金银贴面也显得不够精致，但是安妮女王式家具比以往的设计更注重用户使用的舒适度，受到社会好评，迅速从英国向欧洲大陆扩散，流行到德国、荷兰等地。18世纪 40 年代，英国开始热衷于法国的洛可可风格家具，这一时期称为

---

① ［英］坦普尔：《文集》，第三卷，第 229—230 页，转引自范存忠《中国文化在启蒙时期的英国》，第 21 页。
② 葛桂录：《雾外的远音——英国作家与中国文化》，第 143 页。

乔治式（1720—1745）。① 1747 年，英国园林设计师巴特·朗吉莱（Batty Langley，1696—1751）的哥特建筑专著以《哥特建筑的改进》（*Gothic architecture，improved by rules and proportions*）为题再版，书中描绘了哥特式的壁炉架子，这是哥特式风格第一次在英国室内装饰中产生影响，后来又延伸到家具设计。以椅子为例，乔治式比安妮女王式的椅背更宽更低，雕刻工艺上也更为精致，并加入了大量具有中国元素的图饰。由于乔治式家具主要是为有钱有势的人群而专门设计的，对家具的潮流影响甚微。②

18 世纪中后期，法国洛可可式、哥特式、中国式以及新古典式风格同时影响着英国家具设计的走向，出现了一批对家具设计具有指导意义的著作。1754 年，奇彭代尔出版的家具图案集《绅士与家具师指南》展示了中国风图案的诸多图例，在欧洲产生了广泛影响。③ 1757 年，英国建筑师威廉·钱伯斯（Sir William Chambers，1723—1796）在伦敦出版《中国房屋、家具、服饰和家庭用具设计图册》（*Designs of Chinese buildings，furniture，dresses，machines，and utensils：to which is annexed a description of their temples，houses，gardens⋯*）。18 世纪 50 年代，英国家具设计师托马斯·约翰逊（Thomas Johnson，1714—1778）相继出版了《刻工之书》（*The book of the carver*，1758 年）、《一百五十种新设计》（*One hundred and fifty new designs*，1755—1758 年）等。这些家具相关的著作中，以奇彭代尔的《绅士与家具师指南》最具代表性，也最有影响力。

托马斯·奇彭代尔（Thomas Chippendale，1718—1779）生于英格

---

① 许美琪：《西方古典家具的历史脉络（下）》，《家具与室内装饰》2016 年第 3 期。
② 许美琪：《西方古典家具的历史脉络（下）》，《家具与室内装饰》2016 年第 3 期。
③ ［英］托马斯·奇彭代尔：《绅士与家具师指南》，1754 年伦敦初版（Thomas Chippendale，*Gentleman and Cabinet - maker's Director：being a large collection of the most elegant and useful designs of houshold furniture in the Gothic，Chinese and modern taste*，London：Printed for the author，and sold at his House in St. Martin's - Lane，1754）。

兰约克郡奥特利（Otley），父亲为木匠，子承父业，最终成为 18 世纪英国乔治时期最为杰出的家具商和家具设计师，被誉为"欧洲家具之父"。他的作品在英国本土家具风格的基础上，广泛吸收法国洛可可风格与中国风，并尝试从哥特装饰艺术吸收灵感，将三者融汇贯通，形成了独具特色的家具风格，受到同时期家具制作者的追捧，他设计出品的家具被称为"奇彭代尔式家具"（1745—1770），这是英国历史上第一次以设计师的名字命名家具风格，打破了此前以君主名字命名家具的惯例。[①] 1779 年 11 月 13 日，奇彭代尔病逝，为纪念这位 18 世纪英国最伟大的家具设计师，在他的诞生地修建了一座纪念碑。

《绅士与家具师指南》先后发行三版，实际上是一部介绍奇彭代尔工厂商品样本的著作，内含 161 页图版，收录了很多家具和室内设计图样，并附带文字说明。内有"中国椅"（China chair）、"中国床"（China bed）、"中国沙发"（Chinese Sopha）、"中国橱柜"（China cabinet）等直接以"中国"命名的家具，其中仅"中国椅"便有 11 种之多。从图示上看，奇彭代尔式椅子椅背有精致的中国式雕刻图案，回纹、宝塔、竹节造型也都充满了中国元素。[②] 这些"中国风"家具与洛可可式和哥特式家具一起构成了奇彭代尔家具的三大风格，这体现了 18 世纪中后期英国家具市场对装饰产品多样性的需求，也反映出彼时中国元素依然受到民众喜爱。

## 第三节　英国学人对中国园林的借用

17—18 世纪，西方正经历着深刻的社会变革，清明与格律成为西方社会的时代潮流。席卷欧洲的启蒙运动需要新的精神导向作为反封建、反教会的武器。受其影响，欧洲新式园林兴起，倚重于图案和规律

---

① 许美琪：《西方古典家具的历史脉络（下）》，《家具与室内装饰》2016 年第 3 期。
② 施爱东：《16—18 世纪欧洲人理解的中国龙》，《民族艺术》2011 年第 3 期。

的法国路易十四派园林，以及追求均匀和整齐的荷兰派园林逐渐失去魅力。随着西方传教士"中国著述"在欧洲大陆的传播，中国园林造景艺术一并西传。崇尚自然、讲究不规则之美的中国园林与西方传统式规则、整齐的园林特征截然不同，引发了西方园林风格的变革。17 世纪后期，英国人先于欧洲大陆，开始关注中国园林的造景艺术。当时坦普尔推崇的东方园林美学被建筑师、报章家和诗人所采纳，用以反对 17世纪欧洲园林流行的整齐划一的格局。① 1712 年 6 月 25 日，散文家艾迪生（Addison）曾在《旁观者》上发表一篇关于园林的文章，其中谈到：

> 介绍中国情况的作者们说，那个国家的人们嘲笑欧洲这种尺寸精准、线条工整的园林布局；因为他们说任何人都能把树木种得行距相等、形状一致。他们喜欢在园林设计中显示天才，因而使他所遵循的艺术隐而不露。他们的语言中有一个词专门用来表达园林之美，意即乍一看使人浮想联翩，只觉得美不胜收而又不知所以然。②

文中提及的"词"应该就是坦普尔爵士所言"sharawadgi"。上段引文更像是对坦普尔观点的复述。艾迪生批评英国园林将树木修剪成形的做法，认为这种造景违背了自然。他认为"鲜花怒放的果园远比苦心设计得有如迷宫般的小花坛更能叫人心旷神怡"③。1712 年 9 月 6 日，艾迪生在《旁观者》上的另一篇文章提到，园林和诗歌一样，分为自然的和人工的两种不同类型的艺术。他把亭台、岩洞、篱笆和人工瀑布比作浪漫传奇的缔造者，把花圃和花坛的匠人比作十四行诗与英雄联韵体

---

① 范存忠：《中国文化在启蒙时期的英国》，第 95 页。
② 范存忠：《中国文化在启蒙时期的英国》，第 96 页。
③ 范存忠：《中国文化在启蒙时期的英国》，第 96 页。

诗人，他说："我主张的园林结构是希腊诗人品达的长短句并具颂歌式的粗狂之美，而又不失艺术的细致风雅。"①

另一位英国贵族作家沙夫茨伯里勋爵（Anthony Ashley‑Cooper, 3rd Earl of Shaftesbury, 1671—1713）在《道德家》（1709 年）上表达了对荒野的自然景色的喜爱，他说：

> 粗糙的岩石，长满苔藓的山洞，不规则和不加雕琢的岩穴，以及断断续续的瀑布都具有荒野之地令人生畏的美。因为它们更接近自然，所以更能扣人心弦，蔚为壮观，甚至非整齐华美、冒充的王家园林所能相比。②

这段文字表达了作者崇尚自然天成的趣旨，抵触虚伪的人工造景。中国园林造景艺术，不仅影响了欧洲的造园风格，某种程度上还改变了欧洲人的审美风尚。

谈到英国学人对中国园林的推崇，另一个不得不提的人物便是诗人蒲伯（Alexander Pope, 1688—1744）。1713 年 9 月 29 日，他在《监护者》上发表了一篇文章③，后来成为论述园林艺术的名篇。文章高度称赞了不加修饰的自然之美，认为古代作家荷马、维吉尔等人的作品中已蕴含这种亲切淳朴之美。同时，他也批评了彼时英国园林的人工种植。他说：

> 天才和最有艺术才能的人总是最喜欢自然；因为他们真正体会到一切艺术目的都是在与模仿和研究自然。相反，只有一般见识的人大都喜欢艺术上一些纤细和荒诞的手法。他们总觉得，最不自然

---

① 艾迪生：《旁观者》1712 年 9 月 6 日，第 477 号。
② Anthony Ashley‑Cooper, *An Inquiry Concerning Virtue*, London, 1699.
③ 蒲伯：《监护者》，1713 年 9 月 29 日，第 173 号。

的东西才是最美的东西。①

可见，与艾迪生一样，他也认为自然高于艺术，"一切艺术的目的都在于模仿和研究自然"②。但是，蒲伯比艾迪生进步之处在于，他亲身实践了自己仿效自然的园林观念。1718 年末，他租了一栋特威克南别墅，将里面一块五亩左右的园地营造成一个不规则景观的小园林。③ 园中既没有围墙，也没有垣壁。既没有平行的小路，也没有对称的树林和花圃，有的只是曲径通幽和巧夺天工。

坦普尔、艾迪生和蒲伯等人倡导自然风造景之后，又出现了布里奇曼（Bridgeman）、肯特（Kent）等建筑师。他们打破陈规，曲线和曲径代替了直线，不再讲求比例和对称等规则，放弃了传统观念中的优雅设计而采用奇特新颖的造型。自然而又自由的中国园林恰好迎合了英国人的新兴趣味。而中国园林的介入，与法国耶稣会会士王致诚（Jean Denis Attiret，1702—1768）密不可分。1749 年，他在《教士通讯》上发表一封书信——《中国皇帝游宫写照》（*Lettres édifiantes et curieuses écrites des missions étrangères par quelques missionnaires de la compagnie de Jésus*），英人斯宾塞（Joseph Spence）将其节译成英文，1752 年，以《中国皇帝的北京园林》（*A Particular Account of the Emperor of China's Gardens near Pekin*）为名发表，在英国引起反响。信中提及北京圆明园开阔秀美、繁复多样的不对称之美。1762 年，珀斯再次将其翻译成英文，在《中国杂纂》上发表。王致诚的通讯让欧洲人第一次见识到中国园林的魅力，对欧洲园林、尤其对英国园林的发展产生了很大影响。

1757 年，威廉·钱伯斯的《中国房屋、家具、服饰、机械和家庭

---

① 蒲伯：《论文集》（埃尔温和考托普编），1886 年，第 9 卷，第 81 页。
② 蒲伯：《监护者》，1713 年 9 月 29 日，第 173 号。
③ 参见范存忠《中国文化在启蒙时期的英国》，第 97 页。

用具设计图册》(*Designs of Chinese buildings，furniture，dresses，machines，and utensils：to which is annexed a description of their temples，houses，gardens...*）出版。作为瑞典东印度公司的货物管理员，他年轻时到过中国，"旅行期间对中国建筑做了大量速写"①。除此之外，王致诚、蒋友仁（Le Pere Benoist，1715—1774）等耶稣会会士的汉学著作为他提供了关于中国园林与建筑的资讯。

1772 年，钱伯斯的《论东方园林概论》(*Dissertation on Oriental Gardening*）出版。他在前言中提到，他认为他的描写"可能有助于制止当时的假中国之名而终日粗制滥造之风，这种作品大部分是捏造，其余的则是从瓷器和裱糊纸上粗劣的图案抄袭过来"②。钱伯斯认为，中国园林的精华在于师法自然。他在书中对中国园林赞美有加：

> 中国人看重园林甚于欧洲人，他们把精美的园林建筑看成人类智慧的伟大成果，他们认为，园林艺术可以陶冶人的情操，仅有少数其他艺术能产生这种效果。他们的园林专家不仅懂得植物学，而且是画家和哲学家。③

这些观点对欧洲人认识和了解中国园林具有指导意义。1762 年，钱伯斯在伦敦近郊为肯特公爵建造了一座洛可可风格的中国式园林，名为"丘园"，法国人称之为"英—中合璧式"花园的源头。④ 1763 年，英王还特别出资将丘园风景制作成版画集出版宣传。可惜，中国园林风靡英伦半岛的时间并不很长，至 18 世纪后期便日渐式微，只是偶尔还有些中国式的宝塔、桥梁甚至钓鱼台。

---

① 参见范存忠《中国文化在启蒙时期的英国》，第 109 页。
② 参见范存忠《中国文化在启蒙时期的英国》，第 109 页。
③ 葛桂录：《雾外的远音——英国作家与中国文化》，第 63 页。
④ 范存忠：《中国文化在启蒙时期的英国》，第 110 页。

# 第四节　英国学者对汉语言的关注

新航路开辟后，欧洲人加大向亚洲和美洲拓展海外事业的力度，接触到更多陌生民族的陌生语言，加之17世纪欧洲各国民族语言兴起，拉丁语不再是垄断欧洲学术界和官方的唯一语言，"寻求另外一种能够普遍接受的语言就成为当时不少欧洲语言学家努力的方向"[①]。欧洲学者关注到汉字在东南亚地区的普遍适用性，将汉语作为通用研究的重要对象，希望有所突破。相对欧洲大陆的学者而言，英国学者对汉语的研究起步较晚，17世纪60年代，由约翰·韦伯才开始关注。虽然在获取中国资讯和材料方面，英国学者逊于法国和德国，甚至意大利学者，但他们始终跟随着欧洲大陆的中国研究动向。

1669年，英国建筑师、学者约翰·韦伯出版了《从历史论证中华帝国语言即初始语言的可能性》，这是英国历史上第一部汉语研究的专著，全书212页，没有画风章节，连贯而成。作者在序言中表明："我的意图并非说明其可能性，而是论证汉语最有可能是原初语言。"[②] 虽然韦伯的论证充满了浓厚的基督教色彩，与规范的语言学研究相去尚远，但是作者书中提供了大量的原始资料，极大方便了后继学人。作者充分利用了彼时欧洲大陆的各种"中国著述"，既有我们熟知的门多萨、卫匡国、曾德昭、开意吉、尼霍夫、威尔金斯等人的著作，也有不那么广为人知的瓦尔特·罗利爵士（Walter Raligh，1554—1618）、珀切斯、海林（Peter Heylin，1599—1662）以及布朗等人的历史学、地理学和游记作品。

---

① 龚缨晏等：《西方人东来之后——地理大发现后的中西关系史专题研究》，第92页。

② ［英］约翰·韦伯：《从历史论证中华帝国语言即初始语言的可能性》(John Webb, *An Historical Essay, Endeavoring a Probability that the Language of the Empire of China is the Primitive Language Spoken through the Whole World before the Confusion Babel*)，pp. i – iii。

韦伯依据卫匡国《中国史初编》、拉雷爵士《世界史》(*History of the World*, 1614) 里的说法,认为中国语言远在公元前三千年就有了,而且中国人在《圣经》记载的洪水之前就发展了他们的语言文字。中国文字是伏羲为了代替结绳记事而创造的。至于中国甲子中的十天干、十二地支,即所谓"契丹周期"(Cycle of Cathay) 则是在伏羲造字之前就存在了。文中指出,汉语"简便、概括、准确适度、实用、简洁、一致"的特征,决定了是它,而不是希伯来语有可能是大洪水之前全世界通用的语言。他采用历史学的方法,从巴比伦塔之乱以前人类共同使用的语言在洪水之后是否保存下来入手,认为诺亚在洪水中漂到了中国,洪水退去后留在中国繁衍生息,并据此认为中国历史上记载的尧就是诺亚,中国人就是诺亚的后代。诺亚定居中国后并未改变语言,他的后代所讲的语言就是人类最初使用的语言,因此,中国人使用的汉语就是人类的初始语言。

钱钟书先生说,韦伯的著作代表着当时所能达到的对中国最好的认识,书中强调的是"中国文化的各方面,而不是津津乐道中国风气的大杂烩",它注重的是"中国哲学、中国的政府制度和中国语言,而不是中国的杂货和火炮"①。韦伯的著作让我们看到了 17 世纪英人对中国和中国文化最恰如其分的赞美和钦佩。1678 年,韦伯的著作再版,颇受欢迎,但是他的汉语是原初语言的理论,在当时的英国却鲜有附和者。

1685 年,英国科学家胡克(Robert Hooke,1635—1702)在《哲学汇刊》上刊登《关于汉字的一些观察和猜测》一文。这是韦伯之后,英人发表的第二篇关于汉语研究的作品。只是,二者观点相左,胡克对韦伯的研究也只字未提。他认为"中国人目前使用的语言与汉文方块字没有任何联系。因为真正的原始语言或者第一语言已经消失"②。钱

---

① Qian Zhongshu, *A Collection of Qian Zhongshu's English Essays*, p. 48.
② Etiemble, *L'Europe Chinoise*, p. 384.

钟书认为，胡克的著作"语焉不详、模棱两可"，可见胡克的汉语知识也极其匮乏。[①]

直到 18 世纪，韦伯的论点才得到回应。1727 年，英国学者沙克福德（Samuel Shuckford，1694—1754）在《世界世俗和宗教史》中写到：

> 大地上却是有过人类的一种最早原始语言，也就是汉语……正如以及有人指出的著那样，诺亚很可能居住在这些地区。如果人类之祖和享天福的复兴者于此处走出方舟并定居在那里，那么很可能是在那里留下来今天在世界上还讲着的一种世界性通用语言。[②]

1741 年，英国埃及学家威廉·沃伯顿（William Warburton）出版《摩斯的神圣使者》，书中不惜篇幅讨论了中国语言。他将汉字与埃及象形文字联系起来，认为汉字是象形文字的一种改进，而象形文字又是在墨西哥图形文字的基础上发展而来的。在他看来，汉字代表着"象形文字向字母文字发展的最高层次"。几千年来，中国人的文字经历了从绘图、象形到简单字符的演变，但依然保留了图形特征。他还特别强调中国人没有从埃及借鉴所谓的真正字符。

1761 年，英国皇家学会会员尼达姆（John Turberville Needham，1713—1781）在意大利都灵亚述国王巴尼拔（S. M. Le Roi de Sardaigne）的陈列室发现了一尊伊西斯女神（Isis）的半身雕像，上面写满了象形文字。后来在皇家学院教授阿尔贝蒂（M. Alberti）将这些文字临摹下来。通过查阅汉语字典以及向罗马的中国人请教的方式，尼达姆声称他辩认出其中 5 个与汉字相同的字符，由此说明埃及象形文字与汉字有着密切的联系。另有英国学者哥尔斯密、蒙博多（Lord Monboddo，1714—1799）及布莱尔（Hugh Blair，1718—1800）等人也公开发表意

---

① Qian Zhongshu. *A Collection of Qian Zhongshu's English Essays*, pp. 370 – 371.
② 转引自［法］安田朴《中国文化西传欧洲史》，第 397 页。

见，讨论汉语起源问题。①

17—18 世纪随着欧洲科技日益昌明，人们逐渐摆脱了宗教的蒙昧和制约，开始从学术角度而非宗教视角去认识世界，对汉语言的研究也回到语言本质。韦伯和沙克福德关于汉语的论述，没有脱离宗教的束缚和制约，而沃伯顿和尼达姆则剥离开宗教的因素，更多的从学术研究的角度去研究汉语言文字。从某种程度上可以看出当时英国社会对中国的关注，英人希望通过学习汉语来走近中国、了解中国。

---

① 参见龚缨晏等《西方人东来之后——地理大发现后的中西关系史专题研究》，第 104 页。

# 第四章　16—18世纪英国学人的贬华之词

17至18世纪，随着来华耶稣会士中国报导在欧洲的风行，中国作为一个文明礼仪之邦呈现在西方人面前，进而成为欧洲启蒙思想家们理想的天堂。需要特别指出的是，英国的情况有别于欧洲大陆。尽管有伯顿、布朗、韦伯、坦普尔等人对中国的颂扬赞美，但影响更大的是另一类嘲讽与批评的声音。这类声音主要来自威廉·诺克尔斯（William Nichols，1655—1716）、威廉·沃顿（William Wotton，1666—1722）、丹尼尔·笛福、佛朗西斯·洛基尔（FrancisLockier，1667—1740）、乔治·贝克莱（George Berkeley，1685—1753）、乔治·安森（George Anson，1st Baron Anson，1697—1762）、理查德·沃尔特（Richard Walter，1716—1785）等人。这些人对中国的负面评价主要集中在以下几点：中国人道德败坏；中国皇帝可以任意非为并逍遥法外；商人们欺骗本国国民也欺骗外国商人；人民敬仰跪拜君主的专权，政治的强压以及腐化的政治组织；个人的自由缺失；一夫多妻、溺婴、同性恋以及贩卖人口等恶习。

## 第一节　笛福作品中的讽刺声音

18世纪的欧洲大陆"中国热"正盛，而海峡另一端的英国却发出了最刺耳的贬抑、排斥之声，笛福是最有力的代表。我们知道，他曾在多部作品中抨击中国。最初是《凝想录》（*Consolidator，or Memoirs of*

*Sundry Transactions from the World in the Moon, translated from the Lunar Language*),又名《月球世界活动记录》。这是一部讽刺作品,作者假托月球上发生的事情,锋芒指向英国和欧洲的政治状况,展现出笛福的所思所想。①

在这本小册子里,笛福说,早在诺亚时期,洪水泛滥以前,中国人就已经知道使用炮火了,他们还建造了一支十万只船的舰队,以防洪水。不但如此,他们还发明一种机器,能使一个誊录员一只手写字,另一只手抄录;一个商人一只手记录贷方,另一只手记录借方;或一个律师一只手动笔草拟契约,另一只手誊写那份契约。他说,这些东西在英国很有用处,因为有了这些东西,能使当今经营大企业的人,以及撰写奇异的对外情报和科学记录的人,减少骄傲和自以为是的作风。又说,在中国的一些地方,人们的知识已经发展到这样的程度,即能了解彼此的思想,这在人类社会可以用来抵制伪装、欺骗、敲诈以及欧洲的千万种发明。② 还说,英国国会决定发明一种通向月球的交通工具,于是把这一任务交给了中国人,而中国人果然不负众望,最终发明出一种带有翅翼、能飞上月球的飞车。笛福在这里关于中国的说法,似乎充满敬意,连法国笛福研究专家保罗·都坦(Paul Dottin)都被他狡黠的言语所瞒骗,认为笛福在写《鲁滨逊漂流记续编》时,"与自己从前说过的话发生了冲突,因为他先前在《凝想录》里,曾经把中国描写成一个充满学者、文人、艺术家和幻术家的国度。"③

笛福其实未曾造访过中国,他其实是想以挪揄中国的方式来抨击欧洲社会,借用暗讽手段,假托一个作者乘着一辆有翅翼的飞车,从中国飞到月球,将中国和月球上的社会、政治及文艺等状况,与欧洲的现实情况一一比较。他表面赞扬中国人无所不能,其实是在说反话,是一种

---

① 范存忠:《中国文化在启蒙时期的英国》,第 52 页。
② 参见范存忠《中国文化在启蒙时期的英国》,第 52—53 页。
③ 转引自陈受颐《鲁滨孙的中国文化观》,《岭南学报》第一卷第三期(1930 年 6 月)。

睿智而尖锐的嘲讽。实际上，笛福想表达的是，中国并非如耶稣会会士报道及欧洲大陆的"中国著述"中描述的那么政治清明、技艺高超。所谓中国人的先进科技正像登月飞车那样空幻而不切实际，同时也讽刺了英国国会轻信而不负责任的举动，进而对英国政治提出批评。

总所周知，《鲁滨逊漂流记》奠定了笛福在英国文坛乃至世界文坛的地位。实际上，鲁滨逊如何漂流到荒岛以及他在荒岛上的生活只是这部名著的第一部分，而其第二部分（*Farther Adventure of Robinson Crusoe*）多为当代读者忽视，至于第三部分《真诚的感想》（*Serious Reflections during the Life and Surprising Adventures of Robinson Crusoe*）就更鲜有人知道了。其实，这三部分内容互为补充、相互照应，在当时也是一并流行于世的。对于中国读者而言，我们无法忽视其二、三部分，因为笛福的中国文化观在其中表达无疑。在第一部分，鲁滨逊主要是在西方各处漂流；第二部分则在东方漂流，其中包括中国；第三部分叙述鲁滨逊的感想，其中描述了笛福关于中国的一些感想。笛福借鲁滨逊之口表达了自己的中国印象。行文中鲁滨逊的所见所闻，无不针对那些耶稣会会士对中国的称颂赞美之词。"听人们说起中国人在这些方面的光辉灿烂、强大昌盛以及贸易什么的，我总感到奇怪，因为就我所见，他们似乎是一批无知又肮脏的人，而且又组织得不好。"又说，"看到那些处在极度简陋和愚蠢中的人那样高傲、那样专横、那样蛮不讲理，我简直不知道还有什么东西使我更难过的了"①。此外，还说中国的城市糟乱，武力孱弱，国人穷困……总之，中国没有一样东西是值得称道的。

在第三部分《真诚的感想》里，笛福将《漂流记》里对于中国政治、法制、工艺技术、航海和海军等极尽侮蔑之词又重复了一遍。②此外，还特别谈论了孔子学说和中国的宗教。结论是：中国是许多野蛮国

①　［英］乔治·艾肯编订：《鲁滨逊漂流记》第二部，1895 年，第 237 页。
②　［英］乔治·艾肯编订：《鲁滨逊漂流记》第二部，第 116—123 页。

家中一个还算开化的国家，或许多开化的国家中一个仍很愚昧的国家。① 许多热心的传教士花了多大力气，只能使那里的异教徒知道救世主的名字和对圣母玛利亚的一些祷词！②

## 第二节　对中国文明的批评：从诺克尔斯到沃顿

17 世纪，英国传统基督徒与自然神论者的辩论中时常援引耶稣会会士关于中国宗教的论述。英国作家威廉·诺克尔斯是正统宗教思想的代表，1699 年，他在《与有神论者的谈话》(*Conference with a Theist*)中，攻击中国的宗教与道德。他反对自然宗教，认为中国的创世说不近人情，进而怀疑中国的古代史实与《旧约》记载相互冲突。他说："在所有立法家和哲学家之中，只有摩西一人才给我们一个明智而又合理的开天辟地的故事。"③ 这大概是当时英国宗教界通行的意见。1714 年曼德维尔（Bernard Mandville）的《蜜蜂的故事、或私人的恶德、公众的利益》(*The Fable of the Bees，or Private Vices，Public Benefits*) 里也有同样的断语。④ 而廷德尔（Mathew Tindal，1657—1729）等主张自然宗教、反对天启宗教的自然神论者，视中国为护身符和标准。其《基督教探原》(*Christianity as old as the Creation*，1731) 主旨就是反对神的启示，把理性主义作为处理一切事物的准则。后来这本书被称为"自然神论者的《圣经》"。反对基督教里"启示"的部分，认为所谓启示既危险又不合理，会引起幻觉、迷信和陋规，主张用理性去解释《圣经》。⑤廷德尔的这些言论为传统基督徒所不容，他所依赖的护身符也必然受到正统宗教徒的诋毁和攻击。

---

① ［英］乔治·艾肯编订：《鲁滨逊漂流记》第二部，第 116—117 页。
② ［英］乔治·艾肯编订：《鲁滨逊漂流记》第二部，第 246—247 页。
③ 《与有神论者的谈话》，1737 年，第 1 卷，第 104 页。
④ 《蜜蜂的故事》，凯伊（Kaye）校注本，1924 年，第 2 卷，第 315—316 页。
⑤ 参见范存忠《中国文化在启蒙时期的英国》，第 27—30 页。

诺克尔斯之外，佛朗西斯·洛基尔对中国文明也有讥讽和贬低之词。他认为"中国人并不如通常所说的那般明慧——他们有天文学、有火药、有印刷术，已经有两千多年了，那倒大概是可信的。可是他们经历了这么久，又何尝对于这些事物有一点点的改进呢！"[①] 关于明末清初的中西历法之争，不少欧洲人发表评说。洛基尔依据清朝中西历士预测日食发生时间的结果，断言中国历法一点也不准，在耶稣会会士来华之前中国人还不能编制历书等。[②] 此外，洛基尔还说中国的哲学家全是无神论者，也可以说是斯宾诺莎一流人物。又说，中国也有些经典著作，听说全是两千年以前或更古时期所写，不少人总以为是一个大型的对折本，而熟悉情况的人告诉我们，其分量还不及《摩西五经》，即《旧约》开头的五卷。[③]

17 世纪末，英国学术界有一场关于"古今学术孰优孰劣"的争论。论争的一方是坦普尔，另一方的代表则是沃顿。坦普尔受耶稣会会士柏应理等人所译孔子经典著作影响，赞颂中国文化，推崇孔子学说。1692年他发表《讨论古今的学术》，坚定的认为古代学术远超近代。而牧师身份的威廉·沃顿则站在他的对立面，主张近代学术比古代优越。他从卫匡国、金尼阁等人的著作中寻找材料进行反驳。1694 年，他在《关于古今学术的感想》中，质疑中国学术昌明之说。从卫匡国学习了六万个汉字才能阅读中国书籍的事例，他认为一个人将一生中最好的八年甚至十年，耗费在学习语言文字上，"其他也就可想而知了"[④]；沃顿从清朝入关，几年之内便取代明朝统治中国的记载，认为中国的典章制度过于简单，并由此推断中国的文化程度也非常幼稚；他认为这么多年中

---

① Joseph Spencer, *Anecdotes*, *Observations and Characters of Book and Men*, London: S. W. Singer, 1820, p. 68.

② 1664 年，为预推日食发生，朝廷分别用《大统历》《回回历》和西洋历法三种方法来证实各自预推的时刻，结果，日食准确地发生在南怀仁所预测的时刻，而用《大统历》《回回历》方法所预测的结果分别有一刻钟和半小时的误差。

③ Joseph Spencer, *Anecdotes*, *Observations and Characters of Book and Men*, London: S. W. Singer, 1820, p. 69.

④ William Wotton, *Reflections on Ancient and Modern Learning*, London, 1754, p. 145.

国人在工艺科技方面没有任何成绩，尽管卫匡国和金尼阁对此称赞有加；他认为孔子学说谈论的无外乎道德问题，凡是通情达理而又有些人生经验的人都能有同样的见地；他还驳斥中国的阴阳五行相生相克之说，以此说明中国人的愚昧无知。[1]

## 第三节　乔治·安森及其部下的负面记述

### 一　乔治·安森的《环球旅行记》

笛福之后，对中国持否定态度的是乔治·安森。1740 年，英国皇家海军上将乔治·安森率领船队开始环球航行。1742 年 11 月 13 日，主舰"百总"号（Centurion）到达澳门。彼时英国正与西班牙作战，"百总"号前往菲律宾群岛，意图袭击过路商船。之后遭遇西班牙的一艘大船，战后安森劫获大量财宝，并俘虏五百余人。于是船队驶向澳门，向当地官员求助，希望给予船队整修，并供应粮食。双方交涉很久，船队才得到补给。首先，中国是中立国，需要时间考虑如何处理参战国的请求；其次，按照清朝惯例，英国人申请援助必须先向朝廷进贡物品。安森船队不了解情况，单方面认为是港口接待人员办事效率低所致，以至于对当地官员印象极差；最后，船队明白了其中原委，将五百多俘虏交由广州总督处理，之后船队得到修整和补给。1743 年 12 月 15 日，"百总"号离开澳门。[2]

1748 年安森出版《环球旅行记》，叙述其航海经历，其中表达了对中国的偏见和不满。[3] 作为一位战斗英雄，安森的作品出版后便成为英

---

[1]　参见 William Wotton, *Reflections on Ancient and Modern Learning*, London, 1754, pp. 145 - 154。

[2]　范存忠：《中国文化在启蒙时期的英国》，第 58 页。

[3]　George Anson, *A Voyage Round the World*, *in the Years MDCCXL*, I, II, III, IV, London: printed for W. Bowyer and J. Nichols, W. Strahan, J. F. and C. Rivington, T. Davies, L. Hawes and Co., 1776.

国的畅销书。他向欧洲传达了一个充满"欺诈、贫困、堕落、愚昧无知又冥顽不化"的中国印象，批评了那些称颂中国文明的传教士。他说"有些传教士告诉我们，尽管中国人在科学技能上的确比欧洲人呢落后许多，但他们教育人民并以之实施的道德和司法却极堪仿效。根据某几位好心传教士的描述，我们应该被劝诱而相信，整个中华帝国是一个治理完善、温情脉脉的大家庭，在那儿唯一的争执只是该由谁来展示最大的博爱和仁慈。但我们所见到的广州官员、商人以及手工艺人的行为，足以反驳那些耶稣会士们的杜撰"[1]。安森的著作在英国有很大影响力，欧洲各大图书馆里都有收藏，许多学人在评述中国时几乎都会引用书中的例子。

## 二　"百总"号成员的中国记述

1744 年，安森回到英国后，向海军部的报告里，描述了船队在中国受到的各种待遇。安森手下有四人先后发表著述介绍期间的航行经过。一是约翰·菲利普斯（John Philips，Midshipman），[2] 二是未署名，三是帕斯科·托马斯（Pascoe Thomas），[3] 四是"百总号"随军牧师理查德·华尔德（Richard Walter）。[4] 华尔德的航行记依据安森的航海日记整理而成，主要记载了"百总号"从英国出航，环绕地球一圈回到英国的整个航程，有关中国的记述在全书占比约计五分之一，但是出版后产生了很大的影响。两年内两次被译成法文，一次被译成德文，而英文原版也一再翻印，到 1756 年共有九版。当时欧洲大陆处于"中国

---

① 参见［美］史景迁《文化类同和文化利用》，北京大学出版社 1990 年版，第 54—56 页。

② Philips，John，*An authentic journal of the late expedition under the command of Commodore Anson*，London：printed for J. Robinson，1744.

③ Thomas，Pascoe，*A true and impartial journal of a voyage to the South - Seas，and round the globe，in His Majesty's ship the Centurion，under the command of Commodore George Anson*，London：printed，and sold by S. Birt；J. Newbery；J. Collyer；and most other booksellers in Great - Britain，1745.

④ Walter，Richard，*The history of Commodore Anson's voyage round the world*，London：printed；and sold by the booksellers in Great Britain and Ireland，1748.

热"的鼎盛时期，随处可见的是耶稣会士对中国充满颂扬和赞美的读
物。安森船队报告中的不和谐声音引起了一些人的注意，尤其是原本对
中国不甚看好的那些人。这部著作无疑成为否定中国的有利证据。

　　袁枚在《记富察中丞四事》一文中，详细讲述了"百总"号与广
州当局交涉经过，可以作为纠正华尔德等人一面之词的凭证。① 其中，
理查德·华尔德的记述较为详尽，流传也更为广泛。关于在澳门与清政
府交涉，他重点描写了港口官员办事拖沓，并且有很多恶意攻击的言
语。比如他提到中国政府软弱、官员贪婪，中国的美术工艺生硬，语言
文字笨拙。文中用"感觉迟钝"（insensibility）来形容中国人的性格，
人与人之间的关系也基本是表面文章，完全不可靠。② 华尔德对中国的
描述完全推翻了以往来华耶稣会会士传递回欧洲的正面信息。出版之
后，伦敦几家杂志发表评论，《绅士杂志》的评论貌似公正的说，"一
个港口的人不能代表全部中国人，这样不公平"，但是转而又说，"安
森船队接触的不仅仅是海港低俗贪婪的底层人民，也有一年中跟他们往
来的各级官员，难道这还不足以描述一个民族的特征吗？"③《苏格兰人
杂志》针对华尔德提及的中国人性格评论说，"感觉迟钝"也许是生来
如此，也许是没有接受良好教育的缘故，但是无论怎样，都是低劣可耻
的性格，可以用来反驳之前那些对中国人的智商和能力过高的评价。④
再有，《环球杂志》认为，安森船长做了件好事，船队到达澳门，使得
整个中华帝国对英国国旗表示尊敬，这是一件莫大的喜事。⑤

　　16—18 世纪的英国，处在积极拓展海外贸易、促进资本发展的时
期，面对闭关锁国的明清王朝，哈克卢特、伯顿、韦伯、坦普尔等人从

---

　　① 参见［英］阿瑟·惠利：《袁枚——十八世纪的中国诗人》（Arthur Wiley, *Yuan Mei: Eighteen Century Chiinese Poet*），London: George, Allen & Unwin Ltd, 1956, pp. 205 - 209。

　　② 参见 Walter, Richard, *The history of Commodore Anson's voyage round the world*，London: printed and sold by the booksellers in Great Britain and Ireland, 1748。

　　③《绅士杂志》，第 20 卷，1756 年 3 月，第 116 页。

　　④《苏格兰人杂志》，第 11 卷，1749 年 6 月，第 276 页。

　　⑤《环球杂志》，第 3 卷，1748 年 12 月，第 325 页。

耶稣会会士报道及欧洲大陆"中国著述"里，找寻正能量，学为己用，向英人推介中国的政治体制、文化传统，借以改良英国的相关制度。而诺克尔斯、洛基尔、沃顿、笛福等人则从各种正面美好的中国报道中提炼信息，竭尽所能的贬低、讥讽中国的方方面面，试图摧毁耶稣会会士营造的中国光环，去除英人盲目崇拜的思想。

实际上，以上提及的崇华或贬华观点，都只是诸位英国学人一部分著作中表达的对华态度，都不能将其简单划分为崇华派亦或贬华派，毕竟创作主体的复杂性不能简单地使用两分法来衡量。况且，无论是崇华观点还是贬华之词，双方都是出于对自身宗教信仰、政治倾向的维护而为。归根结底，英国学人都是从如何利于英国现政出发，希冀通过对中国文化或颂扬或揶揄的方式，为英国对内、对外政策提供参考。他们希望通过了解和认识中国，"用中国的例子来批评英国现实社会，用赞扬中国的方式来影射英国社会，或者通过批评和贬斥中国来赞扬和肯定英国现实"①。

---

① 张顺洪：《一个特殊时期的英人评华：1790—1820》(Shunhong Zhang, *British Views on China: At a Special Time*, 1790–1820)，中国社会科学出版社 2011 年版，序言，第 4 页。

# 第五章　马戛尔尼使团与"中国著述"热

明清之际来华探险的欧洲人中，英国人是后来者。一方面，因为宗教派系的缘故，这一时期来华的传教士完全是天主教的势力，不可能有改信新教的英国牧师；另一方面，从海外殖民影响来说，英国也晚于葡萄牙、西班牙、荷兰等国。这就决定了启蒙时代的英国人主要通过欧洲大陆对中国的记述、而非自己的观察来了解中国。

16—18 世纪，欧洲大陆出版了一批传教士撰写的"中国著述"，诸如西班牙奥斯定会修道士门多萨的《中华大帝国史》，法国耶稣会会士金尼阁的《利玛窦中国札记》，葡萄牙耶稣会会士曾德昭的《大中国志》，德国学者开意吉的《中国图说》，法国耶稣会会士李明的《中国近事报道》，以及法国耶稣会会士杜赫德的《中华帝国全志》等，这些关于中国的著作发行不久便被译成英文，并在英国的知识界传播。这些译著一方面引起英国人谈论中国话题的兴趣，另一方面也自然而然的引起有关中华文明优劣的争论。无论如何，这些基于传教士来华报道基础上的东方知识扩展了英人的中国视野。

当时英国人对中国文化与社会的看法大体上有以下分类：一是赞美者，他们眼中的中国遥远而神秘，他们借着对中国传统文化、制度的赞美来表达一种改革本国现状的思想，代表人物有罗伯特·伯顿、奥立佛·哥尔斯密（Oliver Goldsmith，1730—1774）等；二是批评者，这里有攻击中国多神崇拜和儒家学说的神职人员，有对儒家思想、政治制度等持否定态度的学者，还有一些出于本能而非理性的作家，如乔治·安森、笛福等人；三是对"中国风"情有独钟的人，他们对代表中国时尚的饮茶、瓷器、内饰以及园林都很有兴趣，如威廉·坦普尔。

　　总之，以上英人对中国的了解都以耶稣会士的报告为依据，这就使得他们的视野受限，1793 年马戛尔尼使团访华之后，英国人对中国的这种间接、流于表面的知识状况开始有了较大改观。

# 第一节　马戛尔尼使团访华述略

　　1792 年，英国政府以庆贺乾隆皇帝八十万寿为名，派遣马戛尔尼勋爵率领使团出访中国，拟与中国磋商开展双边贸易等议题。英政府对此次遣使来华十分重视。为彰显英国实力，同时也便于搜集中国情报，英政府对使团人员进行严格筛选，组成成员有哲学家、机械专家、画家、医生、钟表匠、军事情报专家等。1792 年 9 月 26 日，马戛尔尼及56 名使团成员乘坐装备有 64 门大炮的"狮子号"军舰，在伊拉斯谟·高尔（Erasmus Gower）船长指挥下，自英国的朴茨茅斯港启航，驶向中国。另有 39 名成员和精心准备的价值 15610 英镑的礼物①载于东印度公司的"印度斯坦号"船，由威廉·麦金托什（William Mackintosh）船长指挥。

　　1793 年 6 月 20 日，英国使团到达中国南部海岸，8 月 6 日，抵达大沽口岸，清政府直隶总督梁肯堂专程赴天津迎接。9 月 14 日，乾隆帝在承德避暑山庄接见了马戛尔尼部分使团成员，使团向乾隆帝递交了英王国书，并敬献了国礼。9 月 17 日，使团成员应邀出席了乾隆帝 83 岁的寿诞庆典。使团返回北京后，向清政府提出了几点外交请求。主要有：

---

　　①　于建胜、刘春蕊：《落日的挽歌——19 世纪晚晴对外关系史简论》，第 16 页。

一、请求中国政府允许英国商人在北京设立商馆，在舟山、宁波、天津等处进行贸易活动；

二、请中国政府在舟山附近小岛和广州附近划一处地方供英商居住、商贸中转之用；

三、请求减轻和优待英国商船入港商税。

当时清朝政府以为马戛尔尼使团此行是朝贡与祝寿为目的，未曾想到有此商贸请求，当即拒绝了以上请求，只向马戛尔尼颁发了乾隆帝给英王乔治三世（George III，1738 – 1820）的三道敕谕："天朝尺土，俱归版籍，疆地森然，即岛屿沙洲，亦必划界分疆，各有专属。况外夷向化天朝交易货物者，亦不仅英吉利一国，若别国纷纷效尤，恳请赏给地方，居住买卖之人，岂能各应所求？且天朝亦无此体制，此事尤不便准行。"① 与清廷交涉未果，马戛尔尼只好率队返回，1793 年 10 月 9 日离开北京，次年 1 月 15 日离开广东，1794 年 9 月 5 日回到伦敦。1795 年 6 月 25 日，英王再次致函乾隆皇帝，对清政府热情款待英国使团一行表示感谢，并表示要与中国友好相处，相依相交。②

## 第二节　马戛尔尼使团成员的"中国著述"

马戛尔尼使团虽然未能达到通商的目的，但却实现了对清政府的第一次"实地考察"。马戛尔尼使团成员又是如何在自己的著述中对这段经历加以表述呢？据叶向阳统计，使团成员中共有 9 人出版了相关著作或论文，③

---

① 梁廷楠：《粤海关志》卷二七。
② 参见于建胜、刘春蕊《落日的挽歌——19 世纪晚晴对外关系史简论》，第 17 页。
③ 叶向阳：《英国 17、18 世纪旅华游记研究》，外语教学与研究出版社 2013 年版，第 330 页。

除马戛尔尼勋爵的《马戛尔尼勋爵私人日志》之外，① 其余大部分作品在使团回国不久便付诸出版。其中包括使团副使斯当东（Sir George Leonard Staunton，1737—1857）的《英使谒见乾隆记实》、② 使团男仆爱尼斯·安德逊（Aeneas Anderson）的《在大清帝国的航行——英国人眼中的乾隆盛世》、③ 使团总管巴罗（John Barrow，1764—1848）《中国行纪》、④ 使团机械师丁威迪（James Dinwiddie，1746—1815）、⑤ 使团专职医师和自然哲学家休·吉兰（Hugh Gillan，? —1798）的《吉兰医生关于中国内科、外科和化学状况的观察》、⑥ 使团卫队塞缪尔·霍姆

① George Macartney, *An embassy to China: Being the journal kept by Lord Macartney during his embassy to the Emperor Ch'ien - lung*, 1793 - 1794, London, UK: Longmans, Green and Co. Ltd., 这部马戛尔尼勋爵本人的私人日记和观察记直到 1962 年才全部整理出来付梓印刷，此前，约翰·巴罗和海伦·罗宾斯（Helen H. Robbins）曾在 1807 年和 1908 年出版的马戛尔尼传记中公布了日记的部分内容，其中巴罗所著传记包括一半日记及全部观察记，而罗宾斯版传记包含三分之二的日记和少量篇幅的观察记。

② George Thomas Staunton, *An authentic account of an embassy from the King of Great Britain to the Emperor of China.* London: G. Nicol, 1797. 本书有两个中译本，分别由秦仲龢和叶笃义翻译。秦译本由台北文海出版社于 1973 年出版，叶译本于 1963 年由北京商务印书馆初版，之后多次再版，本文选取的是 2014 年群言出版社出版的叶译本。此外，斯当东还著有 *An historical account of the embassy to the emperor of China, undertaken by order of the king of Great Britain: Including the manners and customs of the inhabitants, and preceded by an account of the causes of the embassy and voyage to China*, 1797; *Miscellaneous notices relating to China, and our commercial intercourse with that country, including a few translations from the Chinese language*, 1822 - 28; *Remarks on the British relations with China: And the proposed plans for improving them*, 1836.

③ Aeneas Anderson, *A narrative of the British embassy to China, in the years 1792, 1793, and 1794*, Basil: Printed and fold. by J. J. Tourneisen, 1795. 此书中，安德森对中国总体上评价较高，著作出版后受到社会关注，至 1796 年发行了三版。关于安德森的生平资料十分有限，只知道他后来在海外服过兵役，并在 1802 年出版了一部题为《一次行军纪事》的书。相关信息参见张顺洪《乾嘉之际英人评华分歧的原因》，《世界历史》1991 年第 4 期。

④ John Barrow, *Travels in China, containing descriptions, observations, and comparisons, made and collected in the course of a short residence at the imperial palace of Yuen - min - yuen, and on a subsequent journey through the country from Pekin to Canton*, London: T. Cadell, 1804, 1806 2 ed. 此外巴罗还著有马戛尔尼传记——《马戛尔尼勋爵的公共生活记述及其未刊文集》(*Some account of the public life, and a selection from the unpublished writings, of the Earl of Macartney*), London: T. Cadell and W. Davies, 1807.

⑤ James Dinwiddie, *Journey through China*, 1793 - 1794.

⑥ Hugh Gillan, *Dr. Gillan's Observations on the State of Medicine, Surgery and Chemistry in China*, London and New York: Routledge, 2000. First published by Longmans, Green and Co. Ltd, 1962.

斯（Samuel Holmes）的《塞缪尔·霍姆斯先生护卫马戛尔尼使团的日记》、① 随团画师亚历山大（William Alexander，1767—1816）的《中国人服饰与礼仪写真集》，② 以及使团成员兼小斯当东（George Thomas Staunton，1781–1859）德裔家庭教师伊登勒（Johann Christian Hüttner，Esq.）的《出使中国日记》等著作，③ 此外还有《马戛尔尼勋爵政治生涯纪实及未刊稿文选》，④ 以及小斯当东的《大清律例》英译本，尤为翔实珍贵。⑤ 这些著述，"对英国社会认识中国具有很大的推动作用，英国社会掀起了了解与研究中国的热潮"⑥。正是根据他们的这些详尽的记录，法国学者佩雷菲特（Alain Peyrefitte，1925—1999）在《停滞的帝国——两个世界的撞击》（L'empire immobile ou le choc des mondes）中问到："您是否知道他们的使节发现的是一个完全不同于在启蒙时期被理想化了的中国？您是否知道他们曾竭尽全力彻底摧毁这个神话，并指责天主教传教士的书信为欺骗？"⑦ 纵观以上使团成员的著述成果，以

---

① Samuel Holmes，*The Journal of Mr. Samuel Holmes*，*Serjeant – Major of the XIth Light Dragoons*，*during his Attendance*，*as One of the Guard on Lord Macartney's Embassy to China and Tartary*，London：Printed by W. Bulmer and Co. ，1798.

② William Alexander，*Picturesque Representation of the Dress and the Manners of the Chinese*：*Illustrated in fifty coloured engravings*，*with description*，London：John Murray，1814. 此外亚历山大还著有《海角景观：1792—1793 年间作于沿中国东海岸之旅途》（*Views of Headlands & Taken during a Voyage to*，*and along the Eastern Coast of China*，*in the years* 1792 & 1793，*etc.*，1798）、《中国风俗》（*The Custom of China*，1800）、《中国服饰》（*The Costume of China*：*Illustrated in forty – eight coloured engravings*，1805），以及 *Journal of Lord Macartney's embassy to China*，1792 –1794.

③ John Christian Hüttner，*Journal of the Chinese Embassy*，Zurich，1795.

④ *Some account of the public life*，*and a selection from the unpublished writings*，*of the Earl of Macartney*，1807.

⑤ 叶向阳《英国 17、18 世纪旅华游记研究》主要研究英国人旅华游记，所以书中并未涉及亚历山大和伊登勒的著述，叶著选取的是刘半农 1916 年节译本，译自 Helen Henrietta Macartney Robbins，*Our first ambassador to China*：*An account of the life of George*，*earl of Macartney*，*with extracts from his letters*，*and the narrative of his experiences in China*，*as told by himself*，1737 –1806，*from hitherto unpublished correspondence and documents*，London：J. Murray，1908. 此外，斯当东在《英使谒见乾隆纪实》前言中提及，他曾参考了巴茨骑士（Knight of Bath）、"狮子号"舰长伊拉斯马斯·高尔爵士等人的个人记述，叶著也未曾提及此信息。

⑥ 张顺洪：《了解与行动：英国社会对华的认识与鸦片战争》，《江海学刊》1999 年第 5 期。

⑦ ［法］阿兰·佩雷菲特著，王国卿等译：《停滞的帝国——两个世界的撞击》，生活·读书·新知三联书店 2013 年版，卷首语。

斯当东、马戛尔尼和巴罗的中国经验最具代表性,通过对三人著作的文本分析可以看出,他们在经济、宗教、卫生习惯等方面对华印象基本一致,下面主要从国家管理、风俗习惯、国民品性、语言文化等方面对其存在的分歧进行论述。

## 一  国家管理

18 世纪,英国发起了第一次工业革命,其科学技术和工业生产逐步在世界史居领先地位,而世界另一端的大清帝国依然是停滞不前、闭关保守的东方古国。具备多年外交和殖民资历的马戛尔尼勋爵和斯当东爵士以及深具政治头脑的巴罗,在出使中国期间,敏锐地将清帝国的各种现实状况记录在案,回国后依据自己的所见所闻著书立说,从不同的角度描述自己的中国经验,对于各种陋习,也毫不避讳。

### (一)政府

关于政体,三位使团成员可以达成共识,即清朝属于君主专制。令斯当东印象深刻的是,这个国家所有的财富都属于皇帝一人,所有臣民对皇帝的上谕都严格遵守,任何微小的违背都将受到严厉的惩罚。他对随行接触的清朝官员满是溢美之词,说他们态度温和,待人热情,"谈话大方爽快而随时流露出自我称赞和对自己民族的优越感"①。在天津逗留期间,总督极尽周到地的款待使团的每一位成员。在中国,满汉差别在上流社会并没有像下级社会中那么显著。"中国官员们在每一个细节上都随时注意到客人们的舒适。下至中国的士兵和水手们对客人们都彬彬有礼,不是应付责任而是出自招待热诚。"②

外交经验丰富的马戛尔尼勋爵对清初几位皇帝的统治持赞赏态度,

---

① [英]斯当东著,叶笃义译:《英使谒见乾隆纪实》,群言出版社 2014 年版,第 304 页。
② [英]斯当东著,叶笃义译:《英使谒见乾隆纪实》,第 293 页。

认为他们"都具有卓越的智力、不寻常的精力和果断的毅力,至今避免了因此比例失调产生的危险,不仅保存了王位,还将领土大加扩展"①。清朝皇帝的有效统治缓和了民族矛盾,"汉语被保留为国语,古代的制度和法律极受尊重,原有的职官和庞大的官僚机构保留下来,被征服者的风俗习惯被征服者采用"②。这些措施最初施用于百姓,起到了稳定社会秩序的作用,汉人也意识到安定的生活比骚乱的日子要好过,很多人开始适应新政府。但是,马戛尔尼也清楚地看到,作为征服者与被征服者,满汉民族并非表面看上去那么融合统一,或者说,满人并非不加区分的遵从每一个汉人的风俗习惯。比如服饰装扮上,满人并没有改穿汉服,而是保留了传统的旗人装扮,被征服的汉人不得不模仿;政府官员的比例上,诸如各省总督、军队将领、朝廷要员等职位几乎都由满人担任,汉人只能做一些具体劳心劳力的职位。马戛尔尼以其外交家敏锐的观察力注意到表面井然有序的社会,实际隐藏着各种危机。尽管清朝皇帝以各种高压手段维持着国家平稳运行,但各省都有反清复明的秘密组织伺机而动。一部分汉人正从鞑靼人的统治下觉醒,致力于重振民族精神,推翻异族政权。马戛尔尼甚至预言,如果清政府在他本人去世之前就崩溃瓦解,那么他也不会感到意外。③

而巴罗眼中的中国政府却是无公道、无仁义,官员态度专横,妄自尊大。他不惜笔墨地历数中国皇帝专制的弊端,"所谓统治者父母般的关爱,被统治者的忠顺,不如更恰当的解读为一方专制、独裁和压迫,另一方畏惧、虚伪和反抗",政府官员专制下的百姓不知什么是法律,

---

① [英]乔治·马戛尔尼、约翰·巴罗著,何高济、何毓宁译:《马戛尔尼使团使华观感》,商务印书馆 2015 年版,第 23 页。

② [英]乔治·马戛尔尼、约翰·巴罗著,何高济、何毓宁译:《马戛尔尼使团使华观感》,第 24 页。

③ [英]乔治·马戛尔尼、约翰·巴罗著,何高济、何毓宁译:《马戛尔尼使团使华观感》,第 27 页。

只能屈从于独裁者的命令。① 在巴罗看来，皇帝很少露面的原因并非出自对百姓的关爱，反倒是猜疑心作怪，是一种自我保护的策略。统治者意识到自己犯下的暴行，担心自己出现在公众面前会被暗杀。后人向祖先献祭的宗法制度，对于皇帝权力的行驶具有一定的约束作用，皇帝为留下身后美名，不得不注重自己的公私行为。然而中国的实情是，即便是为防备帝王独断专行而设立的监督制度，也未能发挥切实有效的作用。

## （二）司法

斯当东著作中有大段篇幅描写中国司法。他了解到，在中国所有死刑犯都在同一时间被处决，每次最多两百人。对于中国这样一个人口大国，这个数量是非常少的。除了死刑，比较常见的司法处罚是罚款、坐牢、鞭挞和充军。危害国家安全、冒犯皇帝、或乱伦等罪行不得予以减免。从量刑上看，中国处刑不算重，说明犯罪的人并不多。死刑执行中，绞死比杀头的处分轻，因为中国人的风俗里认为身首异处是一件特别可耻的事。而且，死刑犯人可以花钱雇人代替受刑，甚至有儿子出于孝心，也可以请求代父受刑。有时，犯人出于偿还欠款或者埋葬双亲的理由，可以卖身为奴，如果服刑期间表现良好，二十年之后可以恢复自由身。

访华之前，马戛尔尼曾大量阅读关于中国的著述，他对中国的司法印象是法制的执行及奖惩都绝对公允，给所有人提供保护，而来华之后亲眼所见却是另一番景象。② 打官司的人向法官赠送厚礼，法官收受贿礼如同家常便饭，双方都不认为这是不正当和不必要的行为。在中国人看来，赠送和接受礼物都是遵照习惯和风俗，没有不良动机，这样的行为也不构成腐败，即便是腐败，也并非有意为之。但他看到的实际情况

---

① ［英］乔治·马戛尔尼、约翰·巴罗著，何高济、何毓宁译：《马戛尔尼使团使华观感》，第333页。

② 叶向阳：《英国17、18世纪旅华游记研究》，第334页。

是，没有钱就办不成事，"在法庭上金钱万能，钱多的人总是有理"①。除了司法机关，在其他部门办事送礼行贿也同样有效。另外，马戛尔尼还了解到清朝刑部对犯人的关押、鞭打、流放或者死刑等刑事处罚执行得并没有英国那么普遍。

巴罗一方面肯定了大清律例的明确实用，认为堪与布莱克斯通（Blackstone）注释的英国法律相媲美，准确无误的界定了几乎各类罪行，并制定了相关刑罚。他提到中国法律非常重视人命，谋杀绝对得不到宽恕，除了弃婴之外。严格地说，死刑要帝王批准才能执行，然而对于危害国家、以下犯上，或者暴力活动等重大罪行，有时省级总督也有权下令即刻行刑。但是，他也觉得中国的法律条文不够明确。比如，对过失杀人和预谋杀人之间没有做出区别，罪行的判决不需要证明是预谋还是无意伤害，尽管缺乏杀人动机可以降低罪行，可以减刑，罪犯仍然得不到宽免。只有皇帝有权给予罪行减免，但很少全部赦罪。此外，他认为中国对于叛逆罪要株连九族的刑罚极不合理、极其荒谬，认为这等同于惩罚了无辜的人。再有，中国的法律并没有给罪犯自我改过、补偿社会的机会。

三人都不约而同注意到清朝官场行贿、受贿的现状，同时认为中国监狱将犯人分门别类的做法很合理，比如欠债者和重罪犯分开关押，不许互相接触。马戛尔尼曾对此管理制度大加赞赏，认为把犯罪等同于犯错误，混淆罪恶和不幸的界限，既失策也缺德。此外，斯当东还注意到中国法律允许高利贷，这说明中国人大部分只顾眼前、不顾后患，也是对中国人国民性的一种理解。

## 二 国民品性

斯当东眼中的中国人：1. 礼貌有序。使团船只驶入天津河流处，

① ［英］乔治·马戛尔尼、约翰·巴罗著，何高济、何毓宁译：《马戛尔尼使团使华观感》，第 29 页。

受到当地群众围观，人群虽然拥挤，"但每个人都相当有礼貌，秩序并然，没有一个吵架的"①。2. 善良体贴。中国人习惯于戴大草帽，但在围观使团船只的时候，为了节省空间，也为了不妨碍站在后面的人，大家都不顾太阳炙晒，摘下帽子。3. 忠厚待人，遵从孝道。除子女有孝养双亲的责任外，兄弟姊妹患难与共，族人之间也相互帮助，即便远房的亲戚陷入困境也会向本族富有的人家求助。使团所到之处，从未遇到过乞丐，斯当东认为这是中国家族互助风气使然。4. 生活简单。大部分中国人过着朴素的生活，只求温饱便知足，并不企求发财致富，少数沿海大城市的人有经商头脑。5. 喜欢吸烟。中国人吸烟的习惯很普遍，达官贵人也不例外。

在马戛尔尼的印象里中国人有很多恶习：1. 视赌博为消遣，"甚至最底层的中国人，无论到哪里去都带上这一恶习"②；2. 毫无诚信可言，"可以答应你所求之事，但毫无实现之意，接着就无顾忌地违背承诺"③；3. 在贫困家庭，有时父母会出卖孩子，抛弃婴儿；4. 天生猜忌多疑，对洋人充满偏见，流传着很多关于洋人如何奸诈和凶残的故事，大部分是政府刻意散布。当然，他也认同中国人有其优点，认为"中国人民是极坚强的民族，能吃苦耐劳，对生意买卖和种种赚钱的手段都十分感兴趣"④。

巴罗笔下的中国人性格特征都是负面描写。1. 对同伴和同胞冷酷无情。他提到中国一条十分古怪的法律，"如果有受伤者被交给任何人调护，碰巧死在其手中，最后经手者将被处以死刑，除非他能够提供确

---

① ［英］斯当东著，叶笃义译：《英使谒见乾隆纪实》，第 298 页。

② ［英］乔治·马戛尔尼、约翰·巴罗著，何高济、何毓宁译：《马戛尔尼使团使华观感》，第 7 页。

③ ［英］乔治·马戛尔尼、约翰·巴罗著，何高济、何毓宁译：《马戛尔尼使团使华观感》，第 7 页。

④ ［英］乔治·马戛尔尼、约翰·巴罗著，何高济、何毓宁译：《马戛尔尼使团使华观感》，第 10 页。

实证据，说明伤口怎样形成，或者受伤者受伤之后又活了 40 天"①。这条法律的后果是，中国人不敢轻易对处于危险的人施以援手；2. 对杀婴、弃婴的容忍。对于残忍的杀婴行为，社会风俗并不排斥，政府也不设法令禁止，等同于纵容；3. 巴罗笔下的中国人说话总是自我矛盾：一面颂扬稀缺的忠孝之道，一面又记录遗弃婴儿的罪行；一面谈论百姓的品德和礼貌，一面又列举大量伤风败俗的事；一面夸奖文人的品德和学识，一面则指出他们的无知和谬误；他们一面谈论中国的富饶和农业的惊人发展，一面又大谈成千上万的人死于饥荒。② 在斯当东眼中和蔼可亲、注重礼节的中国人，巴罗倒觉得只是出于法律的约束，为避免受到肉体惩罚而装出来的表象。下级假惺惺地在上司面前跪拜，上司假惺惺地示意叫他起来。其实他们毫无诚意，讲究虚礼，仅注重礼仪形式而缺乏良好的教育。

## 三　科学技艺

### （一）技艺

谈到中国建筑，斯当东这样描述："虽然北京距离鞑靼区山脉很近，是一个尘土飞扬的地方，但皇宫之内却似乎是天造地设的另一个天地。里面的山和谷，湖水和河水，断崖和斜坡，这样配合，这样协调，任何一个外来的参观者进到皇宫之后都会自然怀疑到这究竟是一座天造地设的盛景还是人工的创造"③，赞美之词溢于言表。在使团离开京城回国，途径鄱阳湖时，他注意到当地农民使用水车巧妙地解决了引渠灌溉的问题，这种设计比法国人先进很多。他也看到中国的铁匠可以把铁

---

① ［英］乔治·马戛尔尼、约翰·巴罗著，何高济、何毓宁译：《马戛尔尼使团使华观感》，第 10 页。

② ［英］乔治·马戛尔尼、约翰·巴罗著，何高济、何毓宁译：《马戛尔尼使团使华观感》，第 10 页。

③ ［英］斯当东著，叶笃义译：《英使谒见乾隆纪实》，第 448 页。

铸成极薄的薄片，本领超过欧洲工匠，中国的白铜制品比欧洲的产品更加精巧，中国铜钟的声音比欧洲的更加洪亮，但缺点是不坚韧、易碎。

马戛尔尼大方承认"中国人擅长多种工艺"，丝绸、棉麻的制作，印染和定色之方，漆的制造和使用，陶瓷的设计和制作，精美的刺绣和针线活都给他留下了深刻印象。① 关于建造工艺，他特别指出：

> 在圆明园看见的几座砖结构建筑，在材料和建造两方面都超过汉诺威广场（Hanover Square）西南角的泰康内尔宫（Tyrconnel House），此宫被称为英国此类建筑中的最完美者。②

马戛尔尼认为中国的建筑风格独特，具有固定的营造法。他不仅赞赏建造工艺，而且非常欣赏工匠的技艺。特别提到悬挂在圆明园一座大殿内的两座派克大吊灯，起初由英国人组装，花费了相当多的时间、劳动和技术。后来发现必须将它们挪到另一个地方，两名普通中国工匠在没有任何帮助和指导的情况下，不到半小时就顺利地完成了这项移灯工作。由此给勋爵留下了"他们做任何工作都能轻松和熟练地完成"的印象。

而巴罗眼中，中国各类手工艺毫无可取之处。在他看来，中国的建筑物设计得既不好看也不坚固，外表平常，工艺粗糙，缺乏一定比例。

## （二）科技

三人一致认为中国的科技远远落后于欧洲。斯当东认为中国人根本不懂外科医学，连放血都不会，其他解剖学、化学、光学等科学也知之

---

① ［英］乔治·马戛尔尼、约翰·巴罗著，何高济、何毓宁译：《马戛尔尼使团使华观感》，第60页。

② ［英］乔治·马戛尔尼、约翰·巴罗著，何高济、何毓宁译：《马戛尔尼使团使华观感》，第60页。

甚少。他承认中国人在天文学上领先欧洲水平,据说在公元前 300 年就用日晷测量出一个地点的纬度并画出子午线,当时罗马人尚不知道如何确定一日中午。

马戛尔尼认为中国具备非常有限的数学和天文知识,对于天体轨道、每年和每日的运行及普通天象有初步的认识,但对于物理、天文学却完全是外行,清朝历算部门是由三名欧洲传教士负责。[①] 马戛尔尼觉得不可思议的是,中国人有时仅依靠本能,而不需要教育的帮助,就能找到方法完成连最巧妙的理论都难以解决的重大工程,比如连通内陆无数水道的大运河。或许是基于这样的认识,他才说,"像中国这样的国家,不懂得或者不提倡首先体现在机械力上的科技,遇到困难只能增加人数和劳力去克服。也许不应该过分指责中国不把科学运用于实践中是愚昧的结果,政府明智地拒不使用机械力,或至少在绝对需要时才运用这类动力的帮助,因为他们成千上万人主要依靠手工劳动为生"[②]。由此可见,马戛尔尼对中国科技状况持比较宽容和理解的态度,但也坦率地指出,没有外国人的帮助,中国人既不能铸造大炮,也不能推算日食、月食的发生。[③]

在 1793 年 8 月 11 日的日记中,马戛尔尼曾谈到自己对中国船舶状况很失望,但是之后依据自己在中国河流航道上的几次行程所见,他收回了自己的成见,承认并相信中国人"通常用于载客运货的舟楫和其他船舶,以及船夫的驾船技能,都完全符合需要,而且多半比我们自以为应该劝他们采用的更好"[④]。

在巴罗看来,中国科技一无是处,原因在于中国统治者狂妄自大,

---

① 即北京主教科维亚(Gouvea)、其秘书及安东尼奥神父(Padre Antonio),都是葡萄牙人。

② [英]乔治·马戛尔尼、约翰·巴罗著,何高济、何毓宁译:《马戛尔尼使团使华观感》,第 64 页。

③ [英]乔治·马戛尔尼、约翰·巴罗著,何高济、何毓宁译:《马戛尔尼使团使华观感》,第 129 页。

④ [英]乔治·马戛尔尼、约翰·巴罗著,何高济、何毓宁译:《马戛尔尼使团使华观感》,第 73 页。

有意轻视新技术或者国外的科技，对于技术创新缺乏鼓励，大大损害了技术和生产的发展。中国缺少自然哲学的研究和探讨，仅满足于实用的部分。他们对于气体力学、流体静力学、电学和磁学等科学知识知之甚少，甚至根本无知。而且中国人对科技礼品不重视也没有兴趣，完全不能欣赏高科技的成果。巴罗在书中详细记述了船队进入中国沿海航行的情况，以英国先进的舰船来对比中国落后的船只，认为中国人既不懂造船术，也不擅长航海术。

三人观察到中国科技的落后、禁锢，这是实情。两千多年前，当欧洲仍处于野蛮时代的时候，中国已经具有高度的文明，但此后没有丝毫进步，许多方面反而在退步。

## 四 语言、文学与艺术

出于自身的爱好，斯当东很关注中国语言，他解释了汉语语法、文字的意义。他说："中国字的构造非常巧妙，它代表着这个民族的意识形态，也代表着它的生活方式。"[①] 例如，"福"字有一个"田"字，代表物质享受的根源，另一部分的"一口"代表着子孙后代是精神安慰的源泉，所以这个字象征快乐。

马戛尔尼不太关注中国的文学艺术，却单辟一章介绍自己对中国语言的理解。对于汉语难学的抱怨，他认为有所夸大，因为中国人可以很容易的掌握汉语每个字及其组合的含义。他提到乔治·斯当东的儿子，12 岁的托马斯·斯当东（Sir George Thomas Staunton，1781—1859），从英国到中国的旅途中跟一个蹩脚的中文老师学了几节中文课，再靠他自己的努力，便掌握了足够的词汇和语句，可以与人交谈，而且在到达中国时他的汉语听说读写都具备了一定的基础。由此，他觉得汉语并非那

---

① ［英］乔治·马戛尔尼、约翰·巴罗著，何高济、何毓宁译：《马戛尔尼使团使华观感》，第 593 页。

么难学，关键看个人的学习态度。

巴罗花费了不少笔墨描述中国的语言、文学与艺术，结论是"不敢恭维这个国家的艺术"①：中国乐器在形式和材料上花样繁多，但是"没有一样可入欧洲人之耳"②；在他眼里，中国绘画"只能算是可怜的涂鸦者"，能够精确、漂亮地临摹一些花草、鸟类和昆虫，却不能描出物体的正确轮廓，不能运用适当的明、暗对照显现物体的原状，以及用柔和的色调模拟自然的颜色。③

巴罗曾将俄国和中国两大帝国进行比较，在不同的政治环境下，两国的发展差别巨大。他印象中，俄国邀请和鼓励外国人向百姓讲授工艺、科学和生产知识，而中国则骄傲自大，排斥洋人，拒绝和禁止外国人往来。再有，他觉得俄语容易学，普通人学习也不困难，汉语则十分难学，学习方法有缺陷，需要一个人花半生的时间才能运用自如，而且他们除自己的语言外不知道还有其他语言。"一个有青春活力，力量和知识日益增长，另一个年迈多病，目前的情况也不可能有任何变化。"④

## 第三节　同一使团、三种经验的原因

通过以上几个方面的比对，可以看出斯当东、马戛尔尼以及巴罗三人的中国经验分别代表了乾嘉之际英人对华的三种不同的态度：斯当东最温和，记述中以中国的优点和长处居多；巴罗批评得最为严厉、最不留情面，而马戛尔尼介于二者之间。同时出使中国，访华见闻录的表述

---

① ［英］乔治·马戛尔尼、约翰·巴罗著，何高济、何毓宁译：《马戛尔尼使团使华观感》，第 300 页。

② ［英］乔治·马戛尔尼、约翰·巴罗著，何高济、何毓宁译：《马戛尔尼使团使华观感》，第 301 页。

③ ［英］乔治·马戛尔尼、约翰·巴罗著，何高济、何毓宁译：《马戛尔尼使团使华观感》，第 311 页。

④ ［英］乔治·马戛尔尼、约翰·巴罗著，何高济、何毓宁译：《马戛尔尼使团使华观感》，第 345 页。

为何会如此不同？

　　首先，从三者的出使身份来看，斯当东为从男爵，牛津大学名誉民法学博士，伦敦皇家学会院士，资深外交家，同时兼具广博的自然人文知识，属于"18世纪欧洲启蒙时代通才式的人物"[①]。1780年马戛尔尼出任英国南亚殖民地马德拉斯（Madras）总督时，斯当东曾担任其秘书之职。1793年随使团访华时再次担任秘书，并兼代理缺席时的全权特使。斯当东的职责要求他行事须遵循大局，以平衡各方关系；马戛尔尼勋爵是英国杰出的外交家和行政官员，先后承担了俄国大使、爱尔兰首席秘书等一系列外交职务，充分证明了自己的外交才能。其政治观点倾向于保守，欣赏稳步的变化和进步，这也影响了他的对华观点；而巴罗是马戛尔尼使团的总管，主要为勋爵等人提供全方位的服务，并没有承担对华交流任务，使他可以不拘泥于外交规范，全凭一己喜恶来表达。

　　其次，从三者著述的目的来看，斯当东在前言表明自己的写作初衷是"大不列颠国王派遣一个谒见中国皇帝的使团的真实记录"，他的著述更像是使团的官方记述，目的是要说明使团的观点，并且表示能做到的事已经做到，藉此维护英国的利益，维护英国政府的尊严。[②] 而从某种意义上说，巴罗的《中国行纪》可以说是斯当东《英使谒见乾隆纪实》的重要补充。巴罗本人出于自身对欧洲传教士著述的不满，着力于向英人揭示中华民族的风俗、习惯和品行的负面信息，意在指出以往欧洲大陆刊行的"中国著述"的错误之处。他在《中国行纪》中坦言："本书主要目的在于展示这个特殊民族本来的面目……按他们真实的表现—剥掉天朝华而不实的外衣，揭开传教士书里掩盖的朝廷伪装"[③]。这部著作竭力刻画中华民族的风貌、社会状况、语言、文字和美术、科

---

[①]　叶向阳：《英国17、18世纪旅华游记研究》，第343页。

[②]　[英]斯当东著，叶笃义译：《英使谒见乾隆纪实》，第1页。

[③]　[英]乔治·马戛尔尼、约翰·巴罗著，何高济、何毓宁译：《马戛尔尼使团使华观感》，第113页。

学和体制、宗教崇拜文明和思想、人口和农业发展、文明和道德特点，由此读者可以自己去判断："按文明国家的标准，中国应占有的地位。"恰《中国行纪》发表之时，英人已经度过了对华印象的蜜月期，巴罗贬华的态度也正迎合了当时英伦半岛的抑华之势。

马戛尔尼在日志中提到："我谈这个题目没有什么保留，因为我愿意对中国的一些事表达公正的评论，从我们自负和偏见的角度看，这些事都是可怕或不可信的。我也不懊悔趁此机会指出，我们无权因生活方式和服饰与我们略有不同就轻视和嘲笑别的民族，因为我们能够轻易地将他们的和我们自己的愚蠢和荒谬相比较。"① 可见，马戛尔尼私人日志里多半是对所见所闻的直接记述，无暇做出理性的思考和深刻的分析。

最后，三人视界和侧重点不同也是著述观点有别的一个重要原因。一般而言，"具有不同社会地位、政治态度和宗教思想的人更有可能对中国进行不同的评价"②。马戛尔尼勋爵受乾隆皇帝恩准，得以参观热河的避暑山庄，雄伟雅致的园林给大使留下了深刻的印象，将其与不列颠土地上最美的风景比较也毫不逊色。斯当东作为使团副使，与大使享受了几乎同等的外交礼遇，行宫出入自如，不似巴罗那般四处受禁。比较之下，巴罗住在圆明园的几天中，一举一动都处于监视之下，试图走遍这座皇家园林的愿望都无法实现。视界受限的巴罗只能从局部推测全景，认为圆明园缺乏威廉·钱伯斯对中国园林所作的梦幻般的描绘。③同时，级别更低的巴罗也有更多的机会观察到中国人上级惩罚下级，官员鞭打百姓的情景。一个官员因为食物变质而被降级，拉船的纤夫因为疲累、寒冷和虐待而丧命，诸如此类的场景给巴罗留下了别样的感触，

---

① ［英］乔治·马戛尔尼、约翰·巴罗著，何高济、何毓宁译：《马戛尔尼使团使华观感》，15 页。

② 张顺洪：《乾嘉之际英人评华分歧的原因》，《世界历史》1991 年第 4 期。

③ ［英］乔治·马戛尔尼、约翰·巴罗著，何高济、何毓宁译：《马戛尔尼使团使华观感》，第183 页。

难免影响到他的中国印象。

马戛尔尼使团访华是中英两国之间正式通使往来的开端，可谓中英关系史上一次最具影响力的外交活动，这次出使尽管以失败告终，但使团成员有幸进入这个神秘的帝国，得以亲身观察大清帝国的方方面面，而不再是道听途说欧洲大陆的中国经验。这次出访，无论是大使本人，还是使团其他成员，几乎都留下了出使日记、行纪、游记等，记录这次出使过程的所见、所闻、所感，数量之多，涉及面之广，在近代中外交流史上都为罕见。此次出使，英人得以第一次以官方形式近距离接触这个曾经遥远而神秘的东方帝国，体会到一个华而不实并日益落后的古老中国，对此后的中英关系和世界历史都产生了一系列影响。通过对斯当东、马戛尔尼和巴罗三种著作文本的爬梳，对其观点、立场的比对，可以窥见乾嘉之际英人评华、述华的不同态度，也是一种拓展研究视域的尝试。

# 结　语

本书以欧洲近代早期出版的"中国著述"为切入点，首先对相关著作进行全面考察，遴选出重要印本，并追踪这些"中国著述"在英国的传播；其次从阅读史的角度，考量哈克卢特、伯顿、韦伯、坦普尔等人如何接纳当时传入本土的中国文化，并在作品中加以借鉴和利用，与此同时，也关注到诺尔克斯、沃顿、笛福等相当一部分英国学者的抑华观点。双方从各自的政治立场和宗教信仰出发，表达了对中国文化的兴趣和关注；然后，考察了马戛尔尼使团访华之后，在英国引发的"中国著述"热如何影响了英人的对华态度。通过对英国学人评华、述华观点的梳理，挖掘这些"中国著述"对英人中国观的影响，可以看出，无论是对中国持赞美态度的哈克卢特、还是持否定之词的笛福等人，他们的评述都是出于对中国的兴趣和关注。与欧洲大陆持续的"中国热"不同，英国几乎是从一开始接触中国信息之时就是接受与排斥的态度共存。英人了解中国、学习中国并非单纯的出于仰慕，而是为了改变国内的现状，通过借鉴来思考如何将中国经验转化为国内改革实践。

## 一　中国形象的转变

实际上，西方眼中的中国形象一直受到两种因素制约，一是现实中的中西关系，一是西方文化观念中的"中国形象原型"。① 由于有关中

---

① 周宁：《历史的沉船——中国形象：西方的学说与传说》，学苑出版社 2004 年版，第425 页。

国的信息匮乏，中世纪以来的耶稣会会士、外交使臣、商人们在各自的记述和游记中，中国被描述成一个理想的国度。这种想象主要源自当时从广州进口、充斥于欧洲市场的中国漆器、瓷器、扇子与丝绸。这些物品上绘制的画面呈现出一个精致虚幻的世界，与现实相去甚远。16 世纪开始耶稣会会士及各教会修士纷纷东来，中西方往来的书简集及各类"中国著述"成为沟通中国与欧洲的媒介和桥梁。此时欧洲人热衷于中国风物和中国情趣，对中国投以羡慕崇拜的目光，寄予无限向往，往往有意或者无意的屏蔽掉中国的负面情境，似乎对这些瑕疵缺乏敏感。他们眼中的中国是一个历史悠久、地大物博、人口众多、政治开明、道德高尚、宗教宽容的东方国度。17—18 世纪的"中西礼仪之争"大讨论，使得欧洲大陆开始重新认识与评价中国。论辩过程中，关于中国的负面信息不断传达到欧洲，西方人对中国的态度发生了转变，想象中的中国形象逐渐被现实中的形象代替。

在 19 世纪初马礼逊来华传播新教之前，改信新教的英国并没有像欧洲其他国家那样派遣耶稣会会士来华传教，英国学人对中国的了解和认识大多来自欧洲大陆的道听途说。但是，前往中国经商的英国人相比其他国家要多，在中国通商口岸与中国官员与中国商人，甚至底层的中国小贩打交道时，经常会有一些恶劣的印象，从而影响了英国人的对华印象。与欧洲大陆不同的是，在英国文人中长期弥漫着对中国怀疑、贬斥的风气，敢于大声歌颂中国的并不是很多。到了 19 世纪下半叶，理想化的中国形象只为少数几位作家所拥有，例如朱迪特·戈蒂耶，《玉书》之后她又有小说与戏剧作品相继问世，其创作灵感更多获益于浪漫主义文脉而非当时的文学思潮。尽管在英国的店铺里还能找到许多中国器物，依然受到顾客青睐，这常常只是一种异国情调的趣味，而不是处于对中国艺术的真正兴趣。

欧洲人对中国印象的转变，表面上看是中西方文化交流态度的变化，背后却是经济需求为驱动力，双方经济实力发生逆转的结果。中国不再是那个令人仰视才见的神秘国度，而是停滞不前的古老帝国。

## 二 英国国力的提升

近代早期出版的"中国著述"以法文居多，英国学者更多的只是顺便在作品中谈起中国的例子。一方面是由于英人对中国了解和认识的受限，偏居一隅的英人接触新鲜资讯不如欧洲大陆那么便捷和顺畅，然而更重要的原因是 16—18 世纪英国国力的大幅度提升。

这一时期英国社会阶级分化急剧，贵族与平民、新教与天主教之间的斗争日益激烈。对外关系上，英国打败了西班牙、荷兰，夺取了海上霸权，积极开拓海外殖民。经济上，18 世纪 60 年代开始的工业革命，使得英国在经济实力上提速增长，跻身于世界强国之列，国力繁荣增强了民族自信，更加不容易被外来文化所征服。随着工业革命的不断进步，英国国力日益增强，海外殖民扩张的野心也日渐膨胀，自身的优越感也越来越强。

## 三 马戛尔尼使团的近距离窥视

18 世纪晚期，英国工业革命方兴未艾，马戛尔尼使团承载着英国科技与文化的自信心与优越感而访华，英人自认为"在相互承认主权这一层外衣之下，不证自明的优越性依然会显示出来"①。可结果却并不如英人所愿。马戛尔尼使团访华在政治与贸易上均无所获，成为"英人认识中国的一个转折点"②。使团成员随后出版的各种报告、游记，彻底打破了以往来华传教士苦心塑造的中国神话。马戛尔尼访华的近距离接触，使得英人觉察到清帝国的没落景象。原本对中国印象就不

---

① ［美］何伟亚著，邓常春译：《怀柔远人：马戛尔尼使华的中英礼仪冲突》，社会科学文献出版社 2002 年版，第 70 页。

② 张顺洪：《了解与行动——英国社会对华的认识与鸦片战争》，《江海学刊》1999 年第 5 期。

甚良好的英国学人，在马戛尔尼使团访华之后对中国的评价更加贬低。阿兰·佩雷菲特在其《停滞的帝国——两个世界的撞击》(*L'Empire im-mobile ou le choc des mondes*) 一书中这样评价："马戛尔尼勋爵使团在西方与远东的关系中是一个转折点……它在西方人中间开始了对中国形象的一个调整阶段……他们发现的是一个完全不同于启蒙时代被理想化了的中国，他们竭尽全力摧毁这个神话，指责天主教传教士们的报道为欺骗……中国形象从此暗淡了。"①

16—18 世纪的英国，处在积极拓展海外贸易、促进资本发展的时期，面对限关自守的明清王朝，哈克卢特、伯顿、韦伯、坦普尔等人从耶稣会士报道及欧洲大陆"中国著述"里，找寻正能量，学为己用，向英人推介中国的政治体制、文化传统，借以改良英国的相关制度。而诺克尔斯、洛基尔、沃顿、笛福等人则从各种正面美好的中国报道中提炼信息，竭尽所能的贬低、讥讽中国的方方面面，试图摧毁耶稣会会士营造的中国光环，去除英人盲目崇拜的思想，正视英国发展的社会现实问题。实际上，无论是崇华派还是抑华派，双方都是出于对自身宗教信仰、政治倾向的维护，思考如何有效的服务于英国社会。归根结底，他们都是出自对中国的兴趣和关注，希冀通过对中国文化或颂扬或揶揄的方式，为英国对内、对外政策提供可资参考的依据。

---

① ［法］阿兰·佩雷菲特著，王国卿、毛凤支等译：《停滞的帝国——两个世界的撞击》，第 320 页。

# 附录：部分"中国著述"书影

图 1 《马可·波罗行纪》插图

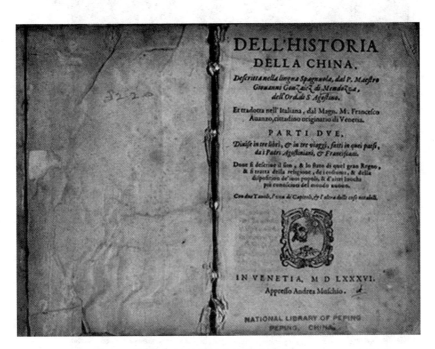

**图 2　门多萨《中华大帝国史》**

(1586 年意大利文版，国家图书馆藏)

图 3 《利玛窦中国札记》

RELATIONE
DELLA GRANDE
MONARCHIA
DELLA CINA
DEL
P. ALVARO
SEMEDO PORTVGHESE
DELLA COMPAGNIA
DI GIESV'.
CON PRIVILEGIO.

ROMÆ.
Sumptibus Hermanni Scheus
M.D.CXXXXIII.
Sub Signo Reginæ.

图 4　曾德昭《大中国志》
（1643 年版）

图 5　卫匡国《中国新图志》

# NOUVEAUX MEMOIRES
## SUR
### L'ETAT PRESENT
## DE
# LA CHINE.

*Par le* P. LOUIS LE COMTE *de la Compagnie de* JESUS, *Mathématicien du Roy.*

## TOME PREMIER.

Seconde Edition.

# A PARIS,

Chez JEAN ANISSON Directeur de l'Imprimerie Royale, ruë de la Harpe, au-deſſus de S. Coſme, à la Fleur-de-Lis de Florence.

## M. DC. XCVII.
*Avec Privilege du Roy.*

图6 李明《中国近事报道》

(1697 年版，国家图书馆藏)

CAM-HY
Empereur de la Chine
et de la Tartarie orientale,
agé de 41 an et peint a láge
de 32.

**图 7　李明《中国近事报道》**

(1697 年版，国家图书馆藏)

**图8　开意吉《中国图说》**

（1667 年拉丁语版，国家图书馆藏）

# DESCRIPTION
# DE LA CHINE
### ET
## DE LA TARTARIE CHINOISE.

*Idée générale de l'Empire de la Chine.*

L E Royaume de la Chine est nommé par les *Mongols Oc-
cidentaux Cathay*, par les Tartares *Mandchoux*, *Nican
cures*; & par les Chinois *Tchong koué*, sans qu'on puisse di-
re au vrai ce qui a donné lieu au nom que nous lui don-
nons en Europe, si ce n'est peut-être que la première
Famille Royale, qui a porté vers l'Occident les armes
victorieuses, se faisoit appeller *Tsin* ou *Tai sin*.

L'Armée Navale de l'Empereur *Tso chi hoang*, qui al-
la à Bengale, à ce que rapporte l'Histoire Chinoise, doit avoir fait connoi-
tre aux Peuples Indiens le nom de *Tsin*, dont la puissance se faisoit sentir si
loin; & ce nom passant des Indes en Perse & en Egypte, est apparemment

*Tome I.*                                    A                                    par-

**图 9  杜赫德《中华大帝国志》**
(1735 年版)

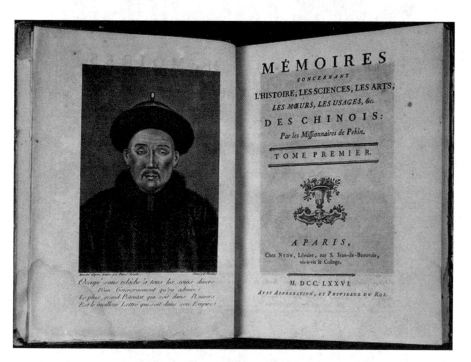

**图 10 《中国杂纂》**

(1776 年版，国家图书馆藏)

图 11 《珀切斯游记》，1625 年版

*K. Arthur.* The Englifh Voyages, Nauigations, &c.　　1

# THE FIRST VOLVME OF THE
## principall Nauigations, Voyages, Traffiques,
and Difcoueries of the Englifh nation, made to
the North and Northeaft quarters of the World,
with the directions, letters, priuiledges, difcourfes,
and obferuations incident to the fame.

**Certeine teftimonies concerning K.** *Arthur* **and his conquefts**
of the North regions, taken out of the hiftorie of the Kings of
*Britaine,* written by *Gefridus Monumetenfis,* and newly
printed at Heidelberge, *Anno 1587.*

### Lib. 9. cap. 10.

Nno Chrifti, 517. Arthurus, fecundo regni fui anno, fubiugatis totius Hyberniæ partibus, claffem fuam direxit in Iflandiam, eamque debellato populo fubiugauit. Exin diuulgato per cæteras infulas rumore, quod ei nulla Prouincia refiftere poterat, Doldauius rex Godlandiæ, & Gunfafius rex Orcadum vltro venerunt, promifsóque vectigali fubiectionem fecerunt. Emenfa deinde byeme, reuerfus eft in Britanniam, ftatúmque regni in firmam pacem renouans, moram duodecim annis ibidem fecit.

### The fame in Englifh.

In the yere of Chrift, 517. king Arthur in the fecond yere of his reigne, hauing fubdued all parts of Ireland, failed with his fleet into Ifland, and brought it and the people thereof vnder his fubiection. The rumour afterwardes being fpread thorowout all the other Iflandes, that no countrey was able to withftand him, Doldauius the king of Godland, and Gunfafius the king of Orkney, came voluntarily vnto him, and yeelded him their obedience, promifing to pay him tribute. The Winter being fpent he returned into Britaine, and eftablifhing his kingdome in perfect peace, he continued there for the fpace of twelue yeres.

### Lib. 9. cap. 12.

Mifsis deinde in diuerfa regna Legatis, inuitantur tam ex Gallijs, quàm ex collateralibus Infulis Oceani, qui ad curiam venire deberent, &c. Et paulò poft: Ex collateralibus autem Infulis, Guillaumurius rex Hyberniæ, Malualfus rex Iflandiæ, Doldauius rex Goetlandiæ, Gunnafius rex Orchadum, Loc rex Noruegiæ, Afchillius rex Danorum.

### The fame in Englifh.

After that king Arthur fending his meffengers into diuers kingdomes, he fummoned fuch as were to come to his Court, afwell out of France, as out of the adiacent Iflands of the fea, &c. and a little after: From thofe adiacent Iflands came Guillaumurius king of Ireland, Malualfus king of Ifland, Doldauius king of Goeland, Gunnafius king of Orkney, Loc the king of Norway, and Afchillius the king of Denmarke.

### Lib. 9. cap. 19.

At reges exterarum Infularum, quoniam non duxerant in morem equites habere, pedites quot quifque debebat, promittunt, ita vt ex fex Infulis, videlicet, Hyberniæ, Iflandiæ, Godlandiæ, Orcadum, Noruegiæ, atque Daciæ, fexies viginti millia effent adnumerata.

2
The

图12　哈克卢特《航海全书》

（1599 年版）

THE

GENTLEMAN

AND

CABINET-MAKER's

DIRECTOR.

BEING A LARGE

COLLECTION

OF THE MOST

Elegant and Useful Designs of Houshold Furniture

IN THE

GOTHIC, CHINESE and MODERN TASTE:

Including a great VARIETY of

BOOK-CASES for LIBRARIES or Private Rooms. COMMODES, LIBRARY and WRITING-TABLES, BUROES, BREAKFAST-TABLES, DRESSING and CHINA-TABLES, CHINA-CASES, HANGING-SHELVES, | TEA-CHESTS, TRAYS, FIRE-SCREENS, CHAIRS, SETTEES, SOPHA'S, BEDS, PRESSES and CLOATHS-CHESTS, PIER-GLASS SCONCES, SLAB FRAMES, BRACKETS, CANDLE-STANDS, CLOCK-CASES, FRETS,

AND OTHER

ORNAMENTS.

TO WHICH IS PREFIXED,

A Short EXPLANATION of the Five ORDERS of ARCHITECTURE, and RULES of PERSPECTIVE;

WITH

Proper DIRECTIONS for executing the most difficult Pieces, the Mouldings being exhibited at large, and the Dimensions of each DESIGN specified:

THE WHOLE COMPREHENDED IN

One Hundred and Sixty COPPER-PLATES, neatly Engraved,

Calculated to improve and refine the present TASTE, and fuited to the Fancy and Circumstances of Persons in all Degrees of Life.

*Dulcique animos novitate trahes.* OVID.
*Ludentis fpeciem dabit & torquebitur.* HOR.

BY

THOMAS CHIPPENDALE,

Of St. MARTIN's-LANE, CABINET-MAKER.

LONDON,

Printed for the AUTHOR, and fold at his Houfe in St. MARTIN's-LANE. MDCCLIV.
Alfo by T. OSBORNE, Bookfeller, in Gray's-Inn; H. PIERS, Bookfeller, in Holborn; R. SAYER, Printfeller, in Fleetftreet; J. SWAN, near Northumberland-Houfe, in the Strand. At EDINBURGH, by Meffrs. HAMILTON and BALFOUR: And at DUBLIN, by Mr. JOHN SMITH, on the Blind-Quay.

**图 13　奇彭代尔《绅士与家具师指南》**
(1754 年伦敦初版，国家图书馆藏)

THE
LIFE
AND
STRANGE SURPRIZING
ADVENTURES
OF
ROBINSON CRUSOE,
Of YORK. MARINER:

Who lived Eight and Twenty Years,
all alone in an un-inhabited Island on the
Coast of AMERICA, near the Mouth of
the Great River of OROONOQUE;

Having been caft on Shore by Shipwreck, where-
in all the Men perifhed but himfelf.

WITH
An Account how he was at laft as ftrangely deli-
ver'd by PYRATES.

Written by Himfelf.

LONDON:
Printed for W. TAYLOR at the Ship in Pater-Nofter-
Row. MDCCXIX.

**图 14　笛福《鲁滨逊漂流记》**

（1719 年版）

# 参考文献

## 一 中文文献

［澳］王庚武著，金明、王之光译：《1800 年以来的中英碰撞：战争、贸易、科学及治理》，浙江人民出版社 2015 年版。

［德］傅海波、［英］崔瑞德编，史卫民等译：《剑桥中国辽西夏金元史（907—1368 年）》，中国社会科学出版社 1998 年版。

［德］柯兰霓著，李岩译：《耶稣会士白晋的生平与著作》，河南教育出版社 2009 年版。

［比］南怀仁著，［比］高华士、余三乐译：《南怀仁的欧洲天文学》，大象出版社 2016 年版。

［德］利奇温著，朱杰勤译：《十八世纪中国与欧洲文化的接触》，商务印书馆 1962 年版。

［德］罗文达著，王海译：《在华天主教报刊》，暨南大学出版社 2013 年版。

［法］阿兰·佩雷菲特著，王国卿、毛凤支等译：《停滞的帝国——两个世界的撞击》，生活·读书·新知三联书店 1993 年版。

［法］艾田蒲著，许钧、钱林森译：《中国之欧洲》，河南人民出版社 1994 年版。

［法］安田朴著，耿昇译：《中国文化西传欧洲史》，商务印书馆 2013 年版。

［法］贝阿特丽丝·迪迪耶著，孟华译：《交互的镜像——中国与法兰西》，上海远东出版社 2015 年版。

［法］杜赫德编，耿昇译：《耶稣会士中国书简集（四、五、六）》，大象出版社 2005 年版。

［法］费夫贺、马尔坦著，李鸿志译：《印刷书的诞生》，广西师范大学出版社 2006 年版。

［法］费赖之：《明清间在华耶稣会士列传（1562—1773）》，上海光启出版社 1997 年版。

［法］费赖之：《明清间在华耶稣会士列传及书目补编》，中华书局 1995 年版。

［法］费赖之著、冯承钧译：《在华耶稣会士列传及书目》，中华书局 1995 年版。

［法］弗朗索瓦·于连、狄艾里·马尔塞斯著，张放译：《经由中国从外部反思欧洲——远西对话》，大象出版社 2005 年版。

［法］高龙鞶：《江南传教史》，辅仁大学出版社 2009 年版。

［法］古伯察著，张子清等译：《中华帝国纪行——在大清国最富传奇色彩的历险》，南京出版社 2006 年版。

［法］亨利·柯蒂埃著、唐玉清译、钱林森校：《18 世纪法国视野里的中国》，上海书店出版社 2010 年版。

［美］杰克·戈德斯通著，关永强译：《为什么是欧洲：世界史视角下的西方崛起（1500—1850）》，浙江大学出版社 2010 年版。

［法］金丝燕：《文化转场：中国与他者》，中国大百科全书出版社 2016 年版。

［法］蓝莉著，许明龙译：《请中国作证——杜赫德的〈中华帝国全志〉》，商务印书馆 2015 年版。

［法］李明著，郭强、龙云、李伟译：《中国近事报道（1687—1692）》，大象出版社 2004 年版。

［法］罗杰·夏蒂埃著，吴泓缈、张璐译：《书籍的秩序：14 至 18
世纪的书写文化与社会》，商务印书馆 2013 年版。

［法］裴化行（H. Bernard）著，萧濬华译：《天主教十六世纪在华
传教志》，商务印书馆 1964 年版。

［法］荣振华等著，耿昇译：《16—20 世纪入华天主教传教士列
传》，广西师范大学出版社 2010 年版。

［法］沙畹著，邢克超、杨金平、乔雪梅译：《沙畹汉学论著选
译》，中华书局 2014 年版。

［法］维吉尔·毕诺著、耿昇译：《中国对法国哲学思想形成的影
响》，商务印书馆 2013 年版。

［法］谢和耐、戴密微著，耿昇译：《明清间入华耶稣会士和中西
文化交流》，东方出版社 2011 年版。

［法］谢和耐著，耿昇译：《明清间耶稣会士入华与中西汇通》，东
方出版社 2011 年版。

［法］谢和耐著，耿昇译：《中国与基督教：中西文化的首次撞
击》，商务印书馆 2013 年版。

［法］谢和耐著，何高济译：《中国人的智慧》，上海古籍出版社
2013 年版。

［韩］朱京哲著，刘畅、陈媛译：《深蓝帝国：海洋争霸的时代
（1400—1900）》，北京大学出版社 2015 年版。

［荷］皮尔·弗里斯著，苗婧译：《从北京回望曼彻斯特：英国、
工业革命和中国》，浙江大学出版社 2009 年版。

［加］阿尔维托·曼古埃尔著，吴昌杰译：《阅读史》，商务印书馆
2002 年版。

［美］萨拉·罗斯（Sarah Rose）著，孟驰译：《茶叶大盗：改变世
界史的中国茶》，社会科学文献出版社 2015 年版。

［美］M. G. 马森著，杨德山译：《西方的中华帝国观》，时事出版

社 1999 年版。

[美] 艾尔曼著，原祖杰译：《科学在中国（1550—1900）》，中国人民大学出版社 2016 年版。

[美] 巴森著，郑明萱译：《从黎明到衰颓：五百年来的西方文化生活》，猫头鹰出版社 2011 年版。

[美] 彼得·盖伊著，刘北成译：《启蒙时代》，上海人民出版社 2015 年版。

[美] 邓恩著，余三乐、石蓉译：《从利玛窦到汤若望——晚明的耶稣会传教士》，上海古籍出版社 2003 年版。

[美] 邓恩著，余三乐等译：《一代巨人：明末耶稣会士在中国的故事》，社会科学文献出版社 2014 年版。

[美] 丁韪良著，沈弘译：《汉学菁华·中国人的精神世界及其影响力》，世界图书馆出版社 2010 年版。

[美] 费正清、费维恺编，刘敬坤、叶宗敩、曾景忠、李宝鸿、周祖羲等译：《剑桥中华民国史（1912—1949 年）》，中国社会科学出版社 1994 年版。

[美] 费正清、刘广京编：《剑桥中国晚清史（1800—1911 年）》中国社会科学出版社 1985 年版。

[美] 何伟亚著，邓常春译：《怀柔远人：马戛尔尼使华的中英礼仪冲突》，社会科学文献出版社 2002 年版。

[美] 吉瑞德著，段怀清译：《朝觐东方：理雅各评传》，广西师范大学出版社 2011 年版。

[美] 理查德·B. 谢尔著，启蒙编译所译：《启蒙与出版：苏格兰作家和 18 世纪英国、爱尔兰、美国的出版商》，复旦大学出版社 2012 年版。

[美] 罗伯特·达恩顿著，杨孝敏译：《华盛顿的假牙》，商务印书馆 2014 年版。

［美］罗伯特·达恩顿著，叶桐、顾杭翻译：《启蒙运动的生意：《百科全书》出版史（1775—1800）》，生活·读书·新知三联书店 2005 年版。

［美］马丁·威纳著，王章辉、吴必康译：《英国文化与工业精神的衰落：1850—1980》，北京大学出版社 2013 年版。

［美］孟德卫著，陈怡译：《奇异的国度：耶稣会适应政策及汉学的起源》，大象出版社 2010 年版。

［美］孟德卫著，江文君、姚霏译：《1500—1800 中西方的伟大相遇》，新星出版社 2007 年版。

［美］米怜：《新教在华传教前十年回顾》，大象出版社 2008 年版。

［美］牟复礼、［英］崔瑞德编，张书生、黄沫、杨品泉、思炜、张言等译：《剑桥中国明代史（1368—1644 年）（上卷）》，中国社会科学出版社 1992 年版。

［美］彭慕兰著，史建云译：《大分流：欧洲、中国及现代世界经济的发展》，江苏人民出版社，2010 年版。

［美］芮乐伟·韩森著，梁侃、邹劲风译：《开放的帝国：1600 年前的中国历史》，江苏人民出版社 2009 年版。

［美］史景迁著，阮叔梅译：《大汗之国：西方眼中的中国》，广西师范大学出版社 2013 年版。

［美］史景迁著，温洽溢译：《改变中国——在中国的西方顾问》，桂林：广西师范大学出版社 2014 年版。

［美］史景迁：《文化类同与文化利用——世界文化总体对话中的中国形象》，北京大学出版社 1990 年版。

［美］史景迁：《西方的中国及中国人观念》，中华书局 2006 年版。

［美］史密斯著，朱建国译：《西方视野里的中国：中国人的德行》，译林出版社 2014 年版。

［美］唐纳德·F. 拉赫著，周宁注译，周云龙等译：《欧洲形成中

的亚洲》1—3卷，人民出版社2013年版。

[美] 王国斌著，李伯重、连玲玲译：《转变的中国：历史的变迁与欧洲经验的局限》，江苏人民出版社2010年版。

[美] 威尔斯著，文昊译：《1688年，当中国走向世界》，新世界出版社2013年版。

[美] 卫三畏著，张西平、吴志良、陶德民编：《中国总论》，大象出版社2013年版。

[美] 魏若望著，吴莉苇译：《耶稣会士傅圣泽神甫传》，河南教育出版社2006年版。

[美] 小约翰·威尔斯著，文昊等译，《1688年，当中国走向世界》，新世界出版社2013年版。

[美] 伊丽莎白·爱森斯坦著，何道宽译：《作为变革动因的印刷机——早期近代欧洲的传播与文化变革》，北京大学出版社2010年版。

[葡] 安文思著，何高济译：《中国新史》，大象出版社2004年版。

[葡] 曾德昭著，何高济译：《大中国志》，商务印书馆2012年版。

[葡] 多默·皮列士著，何高济译：《东方志》，中国人民大学出版社2005年版。

[葡] 费尔南·门德斯·平托著，金国平译：《远游记》，葡萄牙大发现纪念澳门地区委员会、澳门基金会、澳门文化司署、东方葡萄牙学会1999年版。

[日] 杉山正明著，孙越译：《蒙古帝国的兴亡》，社会科学文献出版社2015年版。

[日] 石田幹之助著，朱滋萃译：《欧人之汉学研究》，山西人民出版社2015年版。

[西] 门多萨著，何高济译：《中华大帝国史》，中华书局2013年版。

[西班牙] 闵明我著，何高济译：《上帝许给的土地——闵明我行

记和礼仪之争》，大象出版社 2009 年版。

［新］费希尔著，李瑞林译：《阅读的历史》，商务印书馆 2009 年版。

［意］白佐良（Bertuccioli）、马西尼（Masini）著，萧晓玲、白玉崑译：《意大利与中国》，商务印书馆 2002 年版。

［意］鄂多立克著，何高济译：《鄂多立克东游录》，中华书局 2002 年版。

［意］马国贤著，李天纲译：《清廷十三年：马国贤在华回忆录》，上海古籍出版社 2013 年版。

［意］史华罗著，林舒俐、谢琰、孟琢译：《中国历史中的情感文化：对明清文献的跨学科文本研究》，商务印书馆 2009 年版。

［英］蓝诗玲著，刘悦斌译：《鸦片战争》，新星出版社 2015 年版。

［英］阿兰·佩雷菲特著，王国卿、毛凤支等译：《停滞的帝国——两个世界的撞击》，生活·读书·新知三联书店 1993 年版。

［英］艾莉森·威尔著，董晏廷译：《伊丽莎白女王》，社会科学文献出版社 2014 年版。

［英］爱尼斯·安德逊著，费振东译：《英国人眼中的大清王朝》，群言出版社 2002 年版。

［英］比德著，陈维振、周清民译：《英吉利教会史》，商务印书馆 1991 年版。

［英］彼得·弗兰科潘著，邵旭东、孙芳译：《丝绸之路——一部全新的世界史》，浙江大学出版社 2016 年版。

［英］崔瑞德、［英］鲁惟一编，杨品泉等译《剑桥中国史》，中国社会科学出版社 1992 年版。

［英］戴维斯著，易强译：《崩溃前的大清帝国——第二任港督的中国笔记》，光明日报出版社 2013 年版。

［英］赫德逊著，王尊仲译：《欧洲与中国》，中华书局 1995 年版。

［英］亨利·埃利斯著，刘天路、刘甜甜译：《阿美士德使团出使中国日志》，商务印书馆 2013 年版。

［英］杰克·古迪著，沈毅译：《西方中的东方》，浙江大学出版社 2012 年版。

［英］克拉克·阿裨尔著，刘海岩译：《中国旅行记（1816—1817年)》，上海古籍出版社 2012 年版。

［英］克拉克著，姜德福译：《1660—1832 年的英国社会》，商务印书馆 2014 年版。

［英］克里斯托弗·戴尔著，莫玉梅译：《转型的时代：中世纪晚期英国的经济与社会》，社会科学文献出版社 2010 年版。

［英］兰福德（Landford. P.）著，刘意青、康勤译：《18 世纪英国：宪制建构与产业革命》，外语教学与研究出版社 2008 年版。

［英］乔治·马戛尔尼、约翰·巴罗著，何高济、何毓宁译：《马戛尔尼使团使华观感》，商务印书馆 2013 年版。

［英］斯当东著，叶笃义译：《英使谒见乾隆纪实》，群言出版社 2014 年版。

［英］台克满著，史红帅译：《领事官在中国西北的旅行》，上海科技文献出版社 2013 年版。

［英］威尔斯著，吴文藻等译：《世界史纲》，人民出版社 1982 年版。

［英］伟烈亚力：《1867 年以前来华基督教传教士列传及著作目录》，广西师范大学出版社 2011 年版。

［英］伟烈亚力：《基督教新教传教士在华名录》，天津人民出版社 2013 年版。

［英］约翰·达尔文（John Darwin）著，冯宇、任思思、李昕译：《未终结的帝国：大英帝国，一个不愿消逝的扩张梦》，中信出版社 2015 年版。

［英］约翰·拉纳著，姬庆红译：《马克·波罗与世界的发现》，上海三联书店 2015 年版。

［英］庄士敦著，富强译：《西方视野里的中国：紫禁城的黄昏》，译林出版社 2014 年版。

《西学东渐与东亚近代知识的形成和交流》编写组：《西学东渐与东亚近代知识的形成和交流》，上海人民出版社 2012 年版。

澳门文化杂志社编：《十六和十七世纪伊比利亚文学视野里的中国景观》，大象出版社 2010 年版。

陈受颐：《鲁滨孙的中国文化观》，载于《岭南学报》第 1 卷第 3 期（1930 年 6 月）。

陈受颐：《中欧文化交流史事论丛》，台湾商务印书馆 1970 年版。

陈艳霞：《海外汉学书系：华乐西传法兰西》，商务印书馆 2013 年版。

陈致：《当代西方汉学研究集萃·上古史卷》，上海古籍出版社 2012 年版。

道森编：《出使蒙古记》，中国社会科学出版社 1983 年版。

董海樱：《16 世纪至 19 世纪初西人汉语研究》，商务印书馆 2011 年版。

范存忠：《中国文化在启蒙时期的英国》，译林出版社 2010 年版。

方豪：《中国天主教史人物传》（全三册），中华书局 1988 年版。

方豪：《中西交通史》，上海人民出版社 2008 年。

方重：《英国诗文研究集》，商务印书馆 1939 年版。

冯承钧译：《马可·波罗行纪》，上海书店出版社 2005 年版。

葛桂录：《雾外的远音——英国作家与中国文化》，福建教育出版社 2015 年版。

葛桂录：《中英文学关系编年史》，上海三联书店 2004 年版。

葛兆光：《宅兹中国：重建有关中国的历史论述》，中华书局 2012

年版。

耿昇、何高济译：《柏朗嘉宾蒙古行纪　鲁布鲁克东行纪》，中华书局 2013 年版。

耿昇：《方济各会士出使蒙元帝国，中法关系的肇始》，《西部蒙古论坛》2015 年第 1 期。

耿昇：《中法文化交流史》，云南人民出版社 2013 年版。

耿昇《十六—十八世纪的中学西渐和中国对法国哲学思想形成的影响》，《传统文化与现代化》1996 年第 1 期。

龚缨晏等：《西方人东来之后——地理大发现后的中西关系史专题研究》，浙江大学出版社 2006 年版。

顾犇主编：《中国国家图书馆外文善本书目》，北京图书馆出版社 2001 年版。

顾彬：《汉学研究新视野》，广西师范大学出版社 2013 年版。

顾长声：《传教士与近代中国》，上海人民出版社 1981 年版。

郭方：《英国近代国家的形成——16 世纪英国国家机构与职能的变革》，商务印书馆 2007 年版。

韩琦、[意] 米盖拉编：《中国和欧洲》，商务印书馆 2008 年版。

韩琦：《中国科学技术的西传及其影响》，河北人民出版社 1999 年版。

何芳川、万明：《古代中西文化交流史话》，中国国际广播出版社 2010 年版。

何培忠主编：《当代国外中国学研究》，商务印书馆 2006 年版。

何寅、许光华主编：《国外汉学史》，上海外语教育出版社 2002 年版。

何兆武、柳卸林主编：《中国印象——外国名人论中国文化》，中国人民大学出版社 2011 年版。

何兆武的《中西文化交流史论》，中国青年出版社 2001 年版。

胡国祥:《近代传教士出版研究》,华中师范大学出版社 2013 年版。

胡继明:《汉学与汉语言文学文献研究》,西南交通大学出版社 2008 年版。

胡优静:《英国 19 世纪的汉学史研究》,学苑出版社 2009 年版。

黄与涛、王国荣著:《明清之际西学文本》,中华书局 2013 年版。

黄长著、孙越生、王祖望:《欧洲中国学》,社会科学文献出版社 2005 年版。

［德］基歇尔著,张西平、杨慧玲、孟宪谟译:《中国图说》,大象出版社 2010 年版。

计翔翔:《十七世纪中期汉学著作研究——以曾德昭〈大中国志〉和安文思〈中国新志〉为中心》,上海古籍出版社 2002 年版。

江岚:《唐诗西传史论:以唐诗在英美的传播为中心》,学苑出版社 2013 年版。

李平:《西方人眼中的东方文学艺术》,上海教育出版社 2004 年版。

李奭学:《中国晚明与欧洲文学:明末耶稣会古典型证道故事考诠(修订版)》,生活·读书·新知三联书店 2010 年版。

李天纲:《中国礼仪之争》,上海古籍出版社 1998 年版。

李孝迁:《近代中国与外汉学评论萃编》,上海古籍出版社 2014 年版。

李孝迁:《域外汉学与中国现代史学》,上海古籍出版社 2014 年版。

李学勤:《国际汉学著作提要》,江西教育出版社 1996 年版。

李雪涛:《日耳曼学术谱系中的汉学——德国汉学之研究》,外语教学与研究出版社,2008 年版。

李雪涛:《误解的对话——德国汉学家的中国记忆》,新星出版社

2014 年版。

李勇：《西欧的中国形象》，人民出版社 2010 年版。

［意］利玛窦、金尼阁著，何兆武、何高济、王遵仲、李申译：《利玛窦中国札记》，中华书局 2010 年版。

［意］利玛窦著，文铮、梅欧金译：《耶稣会与天主教进入中国史》，商务印书馆 2014 年版。

梁漱溟：《东西文化及其哲学》，上海人民出版社 2015 年版。

林满红著，詹庆华等译：《银线：19 世纪的世界与中国》，江苏人民出版社 2011 年版。

刘迎胜：《海路与陆路：中古时代东西交流研究》，北京大学出版社 2011 年版。

刘玉才等编：《国际汉学研究通讯》，北京大学出版社 2011 年版。

刘耘云：《诠释的圆环：明末清初传教士对儒家经典的解释及其本土回应》，北京大学出版社 2005 年版。

刘正：《图说汉学史》，广西师范大学出版社 2005 年版。

龙伯格：《理学在欧洲的传播过程》，《中国史研究动态》1988 年第 7 期。

罗光：《教廷与中国使节史》，台湾光启出版社 1961 年版。

马祖毅、任荣珍：《汉籍外译史》，湖北教育出版社 1997 年版。

莫东寅：《汉学发达史》，河南教育出版社 2006 年版。

莫小也：《十七—十八世纪传教士与西画东渐》，中国美术学院出版社 2002 年版。

牟宗三：《中西哲学之会通十四讲》，上海古籍出版社 2007 年版。

潘光哲：《晚清士人的西学阅读史》，"中央"研究院近代史研究所 2014 年版。

戚印平：《澳门圣保禄学院研究：兼谈耶稣会在东方的教育机构》，社会科学文献出版社 2013 年版。

钱乘旦：《西方那一块土：钱乘旦讲西方文化通论》，北京大学出版社 2015 年版。

钱林森：《法国汉学家论中国文学》，外语教学与研究出版社 2007 年版。

钱林森：《光自东方来：法国作家与中国文化》，宁夏人民出版社 2004 年版。

［英］乔治·马戛尔尼、约翰·巴罗著，何高济、何毓宁译：《马戛尔尼使团使华观感》，商务印书馆 2015 年版。

荣新江、李孝聪主编：《中外关系史：新史料与新问题》，科学出版社 2004 年版。

桑兵：《国学与汉学——近代中外学界交往录》，中国人民大学出版社 2010 年版。

上海图书馆编：《上海图书馆西文珍本书目》(*Shanghai Library Catalog of Western Rare Books*)，上海社会科学院出版社 1992 年版。

沈定平：《"伟大相遇"与"对等较量"：明清之际中西贸易和文化交流研究》，商务印书馆 2015 年版。

沈定平：《明清之际中西文化交流史——明代：调适与会通》(增订本)，商务印书馆 2007 年版。

沈福伟：《中西文化交流史》，上海人民出版社 2014 年版。

沈弘编译：《遗失在西方的中国史——〈伦敦新闻画报〉记录的晚晴 1842—1873》，北京时代华文书局 2014 年版。

施爱东：《16—20 世纪的龙政治与中国形象》，生活·读书·新知三联书店 2014 年版。

施爱东：《16—18 世纪欧洲人理解的中国龙》，《民族艺术》2011 年第 3 期。

苏精：《铸以代刻》，台大出版中心 2014 年版。

孙尚扬：《利玛窦与徐光启》，中国国际广播出版社 2009 年版。

孙轶旻：《近代上海英文出版物与中国古典文学的跨文化传播（1867—1941）》，上海古籍出版社 2014 年版。

万明：《明代中英的第一次直接碰撞》，载《中国社会科学院历史研究所学刊（第三集）》，商务印书馆 2004 年版。

王国强：《中国评论与西方汉学》，上海书店出版社 2010 年版。

王家凤、李光真：《当西方遇见东方》，台北光华杂志出版社 1991 年版。

王绳祖编：《中英关系史论丛》，人民出版社 1981 年版。

王漪：《明清之际中学之西渐》，台湾商务印书馆 1979 年版。

吴伯娅：《康雍乾三帝与西学东渐》，宗教文化出版社 2002 年版。

吴伏生：《汉诗英译研究——理雅各、翟理斯、韦利和庞德/列国汉学史书系》，学苑出版社 2012 年版。

吴莉苇：《欧洲近代早期的中国地图所见之欧人中国地理观》，《世界历史》2008 年第 6 期。

吴孟雪、曾丽雅：《明代欧洲汉学史》，东方出版社 2000 年版。

吴孟雪：《明清时期：欧洲人眼中的中国》，中华书局 2000 年版。

吴旻、韩琦编：《欧洲所藏雍正乾隆朝天主教文献汇编》，上海人民出版社 2008 年版。

吴义雄：《条约口岸体制的酝酿——19 世纪 30 年代中英关系研究》，中华书局 2009 年版。

武斌：《中华文化海外传播史》，陕西人民出版社 1998 年版。

向达：《中西交通史》，岳麓书社 2012 年版。

项翔：《近代西欧印刷媒介研究》，华东师范大学出版社 2001 年版。

忻剑飞：《世界的中国观：近二千年来世界对中国的认识史纲》，学林出版社 2013 年版。

忻剑飞：《醒客的中国观：近百多年世界思想大师的中国观感概

述》，学林出版社 2013 年。

熊文华：《荷兰汉学史》，学苑出版社 2012 年版。

熊文华：《英国汉学史》，学苑出版社 2007 年版。

熊月之：《西学东渐与晚清社会（修订版）》，中国人民大学出版社 2011 年 3 月。

修彩波：《近代学人与中西交通史研究》，光明日报出版社 2010 年版。

徐宗泽编著：《明清间耶稣会士译著提要》，台湾中华书局 1958 年。

许光华：《法国汉学史》，学苑出版社 2009 年版。

许美琪：《西方古典家具的历史脉络（下）》，《家具与室内装饰》 2016 年第 3 期。

许明龙：《黄嘉略与早期法国汉学》，中华书局 2004 年版。

许明龙：《欧洲十八世纪中国热》，外语教学与研究出版社 2007 年版。

许明龙：《中西文化交流先驱》，东方出版社 1993 年版。

严建强：《十八世纪中国文化在西欧的传播及其反应》，中国美术 学院出版社 2002 年版。

阎纯德主编：《汉学研究》，学苑出版社 2015 年版。

阎宗临：《传教士与法国早期汉学》，大象出版社 2003 年版。

杨周翰：《十七世纪英国文学》，北京大学出版社 1985 年版。

叶向阳：《英国 17、18 世纪旅华游记研究》，外语教学与研究出版 社 2013 年版。

伊沛霞、姚平主编：《当代西方汉学研究集萃：妇女史卷》，上海 古籍出版社 2012 月版。

伊沛霞、姚平主编的《当代西方汉学研究集萃：中古史卷》，上海 古籍出版社 2012 年版。

伊沛霞、姚平主编的《当代西方汉学研究集萃：宗教史卷》，上海古籍出版社 2012 年版。

尹德翔：《东海西海之间：晚清使西日记中的文化观察、认证与选择》，北京大学出版社 2009 年版。

于建胜、刘春蕊：《落日的挽歌——19 世纪晚晴对外关系史简论》，商务印书馆 2004 年版。

张聪、姚平主编：《当代西方汉学研究集萃·思想文化史卷》，上海古籍出版社 2012 年版。

张国刚、吴莉苇：《启蒙时代欧洲的中国观》，上海古籍出版社 2006 年版。

张国刚、吴莉苇：《中西文化关系史》，高等教育出版社 2006 年版。

张国刚：《中西交流史话》，社会科学文献出版社 2012 年版。

张弘，《〈好逑传〉在 18—19 世纪欧洲大陆的传播》，《文史知识》2006 年第 10 期。

张红扬主编：《北京大学图书馆藏西文汉学珍本提要》(*Western Rare Books on China in Peking University Library*：*A Descriptive Catalogue*)，广西师范大学出版社 2009 年版。

张铠：《庞迪我与中国》，大象出版社 2009 年版。

张顺洪：《了解与行动：英国社会对华的认识与鸦片战争》，《江海学刊》1999 年第 5 期。

张顺洪：《乾嘉之际英人评华分歧的原因》，《世界历史》1991 年第 4 期。

张西平，顾钧编：《中国文化的域外解读》，华东师范大学出版社 2013 年版。

张西平：《欧美汉学研究的历史与现状》，大象出版社 2006 年版。

张西平：《欧洲早期汉学史：中西文化交流与西方汉学的兴起》，

中华书局 2009 年版。

张西平编:《莱布尼茨思想中的中国元素》,大象出版社 2010 年版。

张西平:《东西流水终相逢》,生活·读书·新知三联书店 2010 年版。

张晓:《近代汉译西学书目提要(明末至 1919)》,北京大学出版社 2012 年版。

张星烺著,朱杰勤校订:《中西交通史料汇编》(六卷本),中华书局 2003 年版。

张秀民、韩琦:《中国活字印刷史》,中国书籍出版社 1998 年版。

张轶东:《中英两国最早的接触》,载《历史研究》1958 年第 3 期。

赵克生编:《第三届"利玛窦与中西文化交流"国际学术研讨会论文集》,中山大学出版 2015 年版。

周宁:《历史的沉船——中国形象:西方的学说与传说》,学苑出版社 2004 年版。

周萍萍:《十七、十八世纪天主教在江南的传播》,社会科学文献出版社 2007 年版。

周天:《跋涉:明清之际耶稣会的在华传教》,上海书店出版社 2009 年版。

周钰良:《数百年来的中英文化交流》,《中外文化交流史》,河南人民出版社 1987 年版。

周振鹤:《"四书"的西译》,载《东方早报》2004 年 6 月 28 日。

朱谦之:《中国哲学对欧洲的影响》,福建人民出版社 1983 年版。

朱雁冰:《耶稣会与明清之际中西文化交流》,浙江大学出版社 2014 年版。

邹振环:《晚明汉文西学经典:编译、诠释、流传与影响》,复旦大学出版社 2011 年版。

## 二 英文文献

Anderson, Aeneas, *A narrative of the British embassy to China, in the years* 1792, 1793, *and* 1794, Basil: Printed and fold. by J. J. Tourneisen, 1795.

Anson, George, *A Voyage Round the World, in the Years MDCCXL*, I, II, III, IV. , London: printed for W. Bowyer and J. Nichols, W. Strahan, J. F. and C. Rivington, T. Davies, L. Hawes and Co. , 1776.

Barrow, John, *Travels in China, containing descriptions, observations, and comparisons, made and collected in the course of a short residence at the imperial palace of Yuen – min – yuen, and on a subsequent journey through the country from Pekin to Canton*, London: T. Cadell, 1804, 1806 2 ed.

Bennett, H. S. , *English Books and the Readers, 1475 – 1557, 1557 – 1603, 1603 – 1640*, Cambridge: New York: Cambridge University Press, 1970.

Boswell, James, *Life of Samuel Johnson*, Edited by R. W. Chapman, Oxford University Press, 1980.

Cavallo, Guglielmo & Chartier, Roger, *A History of Reading in the West*, Cambridge: Polity Press, 1999.

Chang, Elizabeth, *Britain's Chinese Eye*, Stanford University Press, 2010.

Chippendale, Thomas, *Gentleman and Cabinet – maker's Director: Being a large collection of the most elegant and useful designs of houshold furniture in the Gothic, Chinese and modern taste*, London: Printed for the author, and sold at his House in St. Martin's – Lane, 1754.

Cordier, Henri, *Bibliotheca sinica: Dictionnaire bibliographique des ouvrages relatifs à l'Empire chinois*, Taipei: Ch'eng – wen Publishing Co. , 1966.

Coward, Barry. *The Stuart Age: A History of England* 1603 – 1714, London, New York: Longman, 1980.

Frampton, John, *A Discourse of the Navigation which the Portugales doe make to the Realmes and Prouinces of the East partes of the Worlde and of the Knowledge that grows by them of great things*, which are in the Dominons of *China*, written by Bernardine of Escalante, of the Realme of Galisia Priest, London, 1579.

Gillan, Hugh, *Dr. Gillan's Observations on the State of Medicine, Surgery and Chemistry in China*, London and New York: Routledge, 2000. First published by Longmans, Green and Co. Ltd, 1962.

Halde, J. – B. Du, *A description of the Empire of China and Chinese – Tartary, from the French of P. J. B. Du Halde, Jesuit*; with notes geographical, historical, and critical; and other improvements particularly in the maps, by the translator, London: printed by T. Gardner for E. Cave, 1738 – 1741.

Higgins, I. M., *Writing East: The "Travels" of Sir John Mandeville*, Philadelphia: Unversity of Pennsylvania Press, 1997.

Holmes, Samuel, *The Journal of Mr. Samuel Holmes, Serjeant – Major of the XIth Light Dragoons, during his Attendance, as One of the Guard on Lord Macartney's Embassy to China and Tartary*, London: Printed by W. Bulmer and Co. , 1798.

Howsam, Leslie; Paul, Kegan, *A Victorian Imprint: Publishers, Books and Cultural History*, London: Kegan Paul International, 1998.

Iwamura, Shinobu, *Manuscripts and printed editions of Marco Polo's travels*, Tokyo, 1949.

Jayne, S. and Johnson, F. R. , *The Lumley Library: The Catalogue of 1609*, London: British Museum, 1956.

Jenkins, Eugenia Zuroski, *A Taste for China*, University Press, 2013.

Knapp, James A. , *Illustrating the Past in Early Modern England: The Representation of History in Printed Books*, 2003.

Löwendahal, Björn, *The catalogue of the Löwendahal – von der Burg collection*, Hua Hin: The Elephant Press, 2008.

Lust, John. *Western Books on China Published up to* 1850, London: Bamboo Publishing Ltd, 1897.

Macartney, George, *An embassy to China: Being the journal kept by Lord Macartney during his embassy to the Emperor Ch'ien – lung, 1793 – 1794*, London, UK: Longmans, Green and Co. Ltd. , c1962.

Mendoza, Juan González de, *The historie of the great and mightie kingdome of China, and the situation thereof*, Translated out of Spanish by R. Parke. London, Printed by I. Wolfe for Edward White, 1588.

Mungello, D. E. , *The Great Encounter of China and the West, 1500 – 1800*, Rowman & Littlefield Publishers, 2012.

Ostrowski, Donald, *Second – Redaction Additions in Carpini's Ystoria Mongalorum*, Harvard Ukrainian Studies, 14, No. 3/4 (1990) .

Palafox, Bishop, *The History of the Conquest of China by the Tartars*, London: Godbid, 1671.

Parry, Graham, *The Seventeenth Century: The Intellectual and Cultural Context of English Literature, 1603 – 1700*, London & New York: Longman, 1989.

Pascoe, Thomas, *A true and impartial journal of a voyage to the South – Seas, and round the globe, in His Majesty's ship the Centurion, under the command of Commodore George Anson*, London: printed, and sold by S. Birt; J. Newbery; J. Collyer; and most other booksellers in Great – Britain, 1745.

Philips, John, *An authentic journal of the late expedition under the command of Commodore Anson*, London: printed for J. Robinson, 1744.

Reay, Barry. *Popular Culture in Seventeenth Century England*, St. Martins

Press, 1985.

Reichwein, Adolf, *China and Europe Intellectual and Artistic Contacts in the Eighteenth Century*, New York: Alfred A. Knopf, 1925.

Rivers, Isabel, ed. . *Books and their readers in Eighteenth – Century England: New Essays*, London, 2001.

Semedo, Alvaro, *The History of that great and renowned Monarchy of China*, London: J. Cook, 1655.

Settle, Elkanha, *The conquest of China, by the Tartars*, London: printed by Thomas Milbourn, 1676.

Shunhong Zhang, *British Views on China: At a Special Time* (1790 – 1820), 中国社会科学出版社 2014 年版。

Staunton, George Thomas, *An authentic account of an embassy from the King of Great Britain to the Emperor of China*, London: G. Nicol, 1797.

Sutherland, J. A. , *Victorian Novelists and Publishers*, University of Chicago Press, 1976.

Taylor, E. G. R. , *Tudor Geography, 1485 – 1583*, London, 1930.

Temple, William, *The Works of Sir William Temple*, Vol. III, London: J. Rivington, 1814.

Walter, Richard, *The history of Commodore Anson's voyage round the world*, London: printed; and sold by the booksellers in Great Britain and Ireland, 1748.

Wiley, Arthur, *Yuan Mei: Eighteen century Chinese poet*, London: George Allen & Unwin Ltd. , 1956.

William Alexander, *Picturesque Representation of the Dress and the Manners of the Chinese: Illustrated in fifty coloured engravings, with description*, London: John Murray, 1814.

Wotton, William, *Reflections on Ancient and Modern Learning*, London，1754.

Yang，Chi－ming，*Performing China*，The Johns Hopkins University Press，2011.

Zhongshu Qian，*A Collection of Qian Zhongshu's English Essays*，外语教学与研究出版社 2005 年版。

# 后　记

　　磨剑十年，今天拿着这份并不那么厚重的书稿，心里知道字字句句都来之不易。2008 年我完成博士学业，应聘进入国家图书馆，先后任职于古籍馆和数字资源部，专司西文善本古籍及古籍数字化相关工作。业务工作的开展需要我提升版本学、目录学等专业知识储备，彼时自己对书籍史、中西交通史充满好奇，奈何当时国内学术界对西方书籍史等相关的研究尚缺乏，涉猎者不多。偶然机会读到张顺洪老师留英期间的博士论文：*British Views on China：At a Special Time*（1790－1820）（《一个特殊时期的英人评华：1790—1820》），受到鼓舞和感召，让我萌生起申请中国社会科学院世界历史研究所博士后入站、追随张老师从事相关研究的想法。

　　2013 年 7 月，我再次申请进入世界历史研究所博士后流动站获批。入站后，古代中世纪研究室刘健、郭子林、张炜、王超华、邢颖、吕厚亮等诸位老师接纳并给予我无私的帮助，一次次的学术活动和学术考察，让我的学术视野和史学认知得到很好的开阔和提升。

　　三年转瞬，但对我学术道路的影响不可谓不深。每每想起，仍感念合作导师张顺洪老师招我进站，使我有机会近距离接触世界历史学科，学术上有了新的努力方向。过往，张老师在繁忙的行政工作之余，还时常牵挂我的出站报告，从选题、立意到结构框架等多方面给出指导意见。还要特别感谢徐建新老师，让我学到很多史学知识和治学方法，从论文构思、开题到顺利完成，一直悉心指导，毫无保留。

　　在我进入流动站面试以及选题时，廖学盛先生对于我完成这一课题寄予了厚望，无论是日常见面还是开题报告会上，几次表达对选题的关心。感谢韩琦教授，对我这篇论文的写作不止一次地表示过关心，还向我提供了一些极为重要的学术资料。感谢柳若梅老师教授在出站报告开题会上提出的建设性意见，以及后续的耐心沟通。我的出站报告今天得以顺利完成，也得益于他们的指导。

　　感谢中国社会科学出版社将本书纳入出版计划，感谢宋燕鹏编审对我这个重度拖延症患者的包容，没有他的坚持与敦促，不会有今时今日的出版。

　　感谢国家图书馆各级领导，感谢古籍馆陈红彦主任及各位同仁的鼓励与支持。

　　感谢亦师亦友的孙泓，没有她义无反顾的陪伴和鼓励，我不可能走到今天。

　　最后，感谢我的家人，过去、现在和未来，你们都是我最坚强的后盾和堡垒。

　　因本人学养有限、笔力欠缺，文中难免存有一些错误和不足，在此还望各位专家不吝赐教，期待来日不断完善。

2022 年 8 月写于北京